Helmut Brenner

Progressives Entspannungstraining
- Praxis der Tiefmuskelentspannung -

2. überarbeitete Auflage

PABST SCIENCE PUBLISHERS
Lengerich, Berlin, Bremen, Riga,
Rom, Viernheim, Wien, Zagreb

Bibliografische Information Der Deutschen Bibliothek
Die Deutsche Bibliothek verzeichnet diese Publikation in der Deutschen Nationalbibliografie; detaillierte bibliografische Daten sind im Internet über <http://dnb.ddb.de> abrufbar.

DIPL.-PSYCH. HELMUT BRENNER
Paulinenstr. 20, D-32108 Bad Salzuflen
E-mail: Helmut.Brenner@t-online.de

Druck: Digital Druck AG, D-96158 Frensdorf
ISBN 3-936142-61-0

Inhaltsverzeichnis

Einführung

Die Menschen erflehen Gesundheit von den Göttern beziehungsweise von den Halbgöttern in Weiß. Sie haben verlernt, für ihre Gesundheit selbstverantwortlich zu handeln.
(frei nach Demokrit)

Spannung und Entspannung

Aus welchem Grunde empfehle ich Ihnen, liebe Leserin, lieber Leser das tiefgreifend lösende Progressive Entspannungstraining? Weshalb wollen Sie dieses Entspannungstraining erlernen?
Zwei Fragen, deren Beantwortung Ihnen den Einstieg in diese wertvolle Entspannungsmethode erleichtern sollen. Zur Beantwortung der ersten Frage möchte ich Ihnen die folgenden Erläuterungen geben, die Sie für die Beantwortung der zweiten Frage mitverwenden können.
Von psychischen und psychovegetativen Störungen (hier nicht übersetzte Fachausdrücken werden auf den Seiten 151-152 erklärt) sind nach Experteneinschätzung 50 bis 80% der Bevölkerung in den Industriestaaten betroffen. Sie gehören also keineswegs zu einer Minderheit, wenn Sie unter solchen Störungen leiden. Leider entstehen in einem Spiralprozess aus den psychovegetativen Störungen oft körperliche Erkrankungen. Kaum jemand findet einen gangbaren Weg, um aus der engere Kreise ziehenden Verspannungsspirale heraus zu kommen. Hier bietet sich das ganzheitlich orientierte Progressive Entspannungstraining (PE) als geeigneter Weg an.
Ungeeignet ist der Weg des »wilden kämpferischen Typs«, der seine Beschwerden bekämpft, indem er noch mehr arbeitet oder sich andere Ablenkung sucht. Der »resignierende Typ« ergibt sich seinem Schicksal, will bedauert werden oder sucht kindhaftes beschützt werden. Das sind die beiden Extremtypen. Es exi-

stieren weitere große Gruppen, etwa die »fortschrittsgläubigen Typen«, die der Auffassung sind, dass in unserem technisch-wissenschaftlichen Zeitalter alles ohne viel eigenes Dazutun machbar sein müsste. Von den Anhängern dieses Typs sind nach Auskunft der Deutschen Krankenversicherung 4 Millionen Menschen von Beruhigungsmitteln abhängig und 4 Millionen von Schmerzmitteln abhängig. Bei weiteren 8 Millionen Mitmenschen hat sich infolge der dauernden emotionalen und körperlichen Anspannung Bluthochdruck eingestellt, der meist medikamentös »bekämpft« wird.

Der »selbstverantwortliche Typ«, der nach den obengenannten Zahlen nicht sehr weit verbreitet zu sein scheint, fragt nach den Ursachen der Anspannungen und Verspannungen und bearbeitet die Ursachen. Er handelt auch sonst gesundheitsförderlich, indem er weitgehend natürlich (natürlich kommt von Natur) lebt und auf natürlichem Wege Entspannung herbeiführt.

Den letztgenannten Menschentyp habe ich vor Augen, wenn ich dieses Buch schreibe. Das Buch möchte ich denjenigen Mitmenschen widmen, die mehr Selbstverantwortung für ihre Gesundheit zu übernehmen bereit sind und die mehr gesunde Eigenaktivität entwickeln möchten.

Wenn Sie Verantwortungsbewusstsein für Ihre Gesundheit in sich spüren, Ihnen aber noch konkrete Hinweise und Anleitungen fehlen, finden Sie die entsprechenden Hilfen in diesem Buch.

Wenn Sie den Stellenwert der natürlichen ganzheitlich orientierten Gesundheitsförderung noch nicht abschätzen können, möchte ich versuchen, Sie durch Argumente und Belege zu überzeugen.

In einer Rehabilitationsklinik nahmen besonders belastete Patienten an gesundheitsfördernden Kursen und Einzelgesprächen teil. Die Auswirkungen der Einzel- und Gruppenarbeit wurden mit Effektivitätsuntersuchungen begleitet. Die sehr ermutigenden Ergebnisse finden Sie in diesem Buch. In einer speziellen Untersuchung bei Herzinfarktpatienten wurden diejenigen Klienten, die während der Rehabilitation gesundheitsfördernde Eigeninitiative durch aktive Teilnahme an einer Gesprächsrunde und beim Entspannungstraining gezeigt hatten (= Gruppe 2) denjenigen gegenübergestellt, die eher passive Rehabilitationsmaßnahmen wie Bäder oder Massagen vorzogen (= Gruppe 0). Bei Gruppe 1 handelt es sich um eine Mischgruppe. Nach 3 Jahren fand eine Nacherhebung statt, die einige erstaunliche Ergebnisse erbrach-

te: Die ehemaligen Patienten der Gruppe 0 erlitten in 18% der Fälle in den letzten 3 Jahren einen erneuten Herzinfarkt, bei der Gruppe 2 waren es lediglich 2%. Von den Patienten der Gruppe 0 waren 10% verstorben, bei der Gruppe 2 waren es lediglich 2%. Bei den ehemaligen Klienten der Gruppe 2 hatten sich die Einstellungen zu Stress und Konflikten positiv verändert, psychovegetative Störungen hatten stärker abgenommen, auch der Medikamentenkonsum war stärker zurückgegangen, selbstverantwortliche Gesundheitsaktivitäten waren sehr viel deutlicher, als bei der Gruppe 0. Die medizinische Vergleichbarkeit der Gruppen ist durch eine zusätzliche Untersuchung von Dr. F.-L. Schmidt abgesichert.
Die Ergebnisse zeigen, dass die Übernahme von gesundheitsbezogener Eigenverantwortung zu greifbaren positiven Ergebnissen führt: Krankheiten treten seltener auf, Leiden und Gesundheitsstörungen bessern sich, der Körper braucht sich weniger mit der Beseitigung von chemischen Schadstoffen und Medikamentennebenwirkungen zu plagen.
Die gesundheitsförderlichen Resultate lassen sich selbst nach einer erlittenen Erkrankung erzielen. Aber muss es überhaupt soweit kommen, dass die Seele mit Angst, Panik und nervösem Zusammenbruch reagiert oder der Körper mit Schwäche, Grippe, Bluthochdruck, Herzinfarkt, Schlaganfall, Magengeschwür oder Krebs die Notbremse ziehen muss? Ist es nicht viel sinnvoller und einfacher, seine Gesundheit frühzeitig selbstverantwortlich in die eigenen Hände zu nehmen? Dieses Buch bietet Ihnen die erforderliche Hilfe zur Selbsthilfe.
Ich fragte zu Beginn, welches Ziel Sie mit dem Lesen dieses Buches verbinden.
Wahrscheinlich haben Sie den Abbau einiger Befindensstörungen, wie innere Unruhe, Schlafstörungen, Kopfschmerzen oder Atembeschwerden genannt, die Sie mit Hilfe des progressiven Entspannungstrainings erreichen möchten.
Ich darf Sie nun bitten, auf Grund des bisher Besprochenen Ihr Ziel zu überprüfen und eventuell zu erweitern. Erstrebenswert ist sicher eine selbstgesteuerte Entspannung des ganzen Menschen.
In unserer geschäftigen Welt geht es häufig nur um Beseitigung von Symptomen wie z. B. Reizbarkeit oder Magendruck. Die »Maschine« soll einwandfrei funktionieren. Das Gesundheitssystem wird mit dem Begriff TÜV belegt, verschiedene Zeitgenossen vergleichen sich mit einem Auto, das mal eben repariert werden muss, wenn es nicht richtig funktioniert. Ich habe

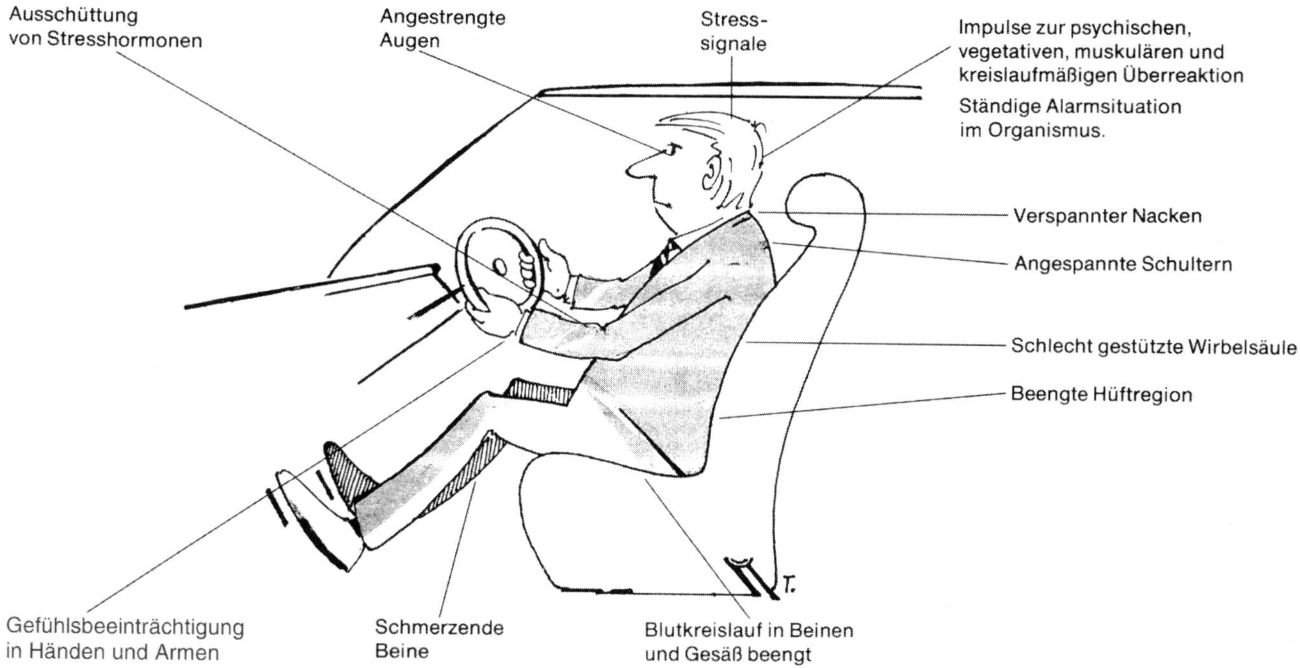

Abb. 1: Angespannte Haltung beim Autofahren

manchmal den Eindruck, dass wir mit unserem Automobil bedachtsamer umgehen als mit unserem Organismus. Wenn ein wassergekühltes Auto heißgelaufen ist, lassen wir ihm Zeit und Ruhe, um wieder abzukühlen. Wenn der Verstand oder die Emotionen heißgelaufen sind, handeln wir weit weniger vernünftig. Wir treiben die Selbstüberforderung weiter und lassen uns von anderen weitertreiben, so dass langandauernde Verspannungen und Krankheitssymptome die Folge sind.

Symptome als Hinweise auf Gesundheitsstörungen sind immer nur Anzeichen und Äußerungsformen von tieferliegenden Ursachen. Symptome sind also nicht die Ursachen. Ursachen sind die Ereignisse und Erlebnisse, die den Symptomen vorausgegangen sind. Wenn wir also zusätzlich zur gezielten Körperentspannung die Ursachen der Verspannungen mit bearbeiten, haben wir gute Aussichten, neben der augenblicklichen Entspannung auch eine andauernde Entspannung zu erreichen. Bleibt die Ursache bestehen, werden wir bei den Entspannungsübungen bald das Gefühl bekommen, gegen Windmühlen anzukämpfen, weil immer neue Spannungsenergie nachgeliefert wird.

Ursachen von Verspannungen können in vielen Bereichen liegen, auch in unphysiologischer Arbeitshaltung. Computerarbeit ist oft mit einer Haltung verbunden, die besonders zu Verspannungen im Schulter-Nackenbereich führt. Im Erlebnisbereich sind es oft Probleme und Konflikte, die, wenn sie nicht gleich oder bald gelöst werden, Verspannungen und Verhärtungen in bestimmten Körperbereichen verursachen. Wenn die Anspannungen längere Zeit andauern, verfestigen sie sich zu Verhärtungen von Muskelbereichen oder es kommt zu bleibenden Verengungen von Blutgefäßen.

Ein Beispiel für eine spannungsgeladene Körperhaltung ist die häufig verspannte Haltung beim Autofahren (vgl. Abb. 1).

Hierbei treten verschiedene Anspannungen gleichzeitig auf und verstärken sich gegenseitig.

- Die freie Bewegungsfähigkeit ist behindert
- Dauernde Muskelanspannungen führen zu Muskelverhärtungen
- Die unphysiologische Haltung führt zu Schmerzen (Rücken-, Kopf-, Beinschmerzen usw.)
- Die Blutzirkulation wird behindert
- Die natürliche Atmung wird behindert
- Das Nervensystem wird übererregt
- Das Nerven- und Drüsensystem gerät aus dem Gleichgewicht

- In dieser labilen Situation können diverse andere Gesundheitsstörungen leichter als sonst zum Ausbruch kommen.

Das Autofahren ist eine der häufigsten Beschäftigungen in unserer Gesellschaft. Es ist eine ungesunde Tätigkeit, könnte vom Organismus jedoch ohne Dauerschäden toleriert werden, wenn das Auto seltener und kürzer benutzt würde, bei längeren Fahrten mehr Pausen eingelegt und gezielte Entspannungsübungen durchgeführt würden. Das progressive Entspannungstraining hat auch hier seinen festen Platz.
Um nicht nur die Spannungssymptome zu bekämpfen, sollen Sie das Auto sparsam und zurückhaltend benutzen und öfter auf den Bus oder noch besser auf das Fahrrad oder die eigenen Füße umsteigen. Sie können so einen doppelt positiven Effekt erreichen, indem Sie die in Ihrem Körper gestauten Energien zur Gesundung Ihres gesamten Organismus einsetzen und außerdem die kostbar gewordenen Rohstoff-Energiereserven schonen.
Im übermäßig gestressten Menschen sind tatsächlich viele Energien ungesund gestaut, so dass immer häufiger die Ausdrücke »Ich platze gleich« oder »Ich explodiere fast« hörbar werden. Der Energiestau ist keine notwendige Folge der heutigen Zeit. Sehen Sie sich den Tagesablauf eines Büroangestellten an und ergründen Sie die Änderungsmöglichkeiten. Allein aus seinen Verhaltensgewohnheiten, was er tut bzw. nicht tut, können Sie sicher selbst schließen, welche Handlungsweisen die gesünderen und effektiveren sind (siehe Abb. 2).
Unser Beispielsangestellter steht um 7.00 Uhr auf, macht eine flüchtige Morgentoilette, liest beim hastig getrunkenen Kaffee die Zeitungsüberschriften, damit er »informiert ist und keine Zeit verliert«. Um 7.30 Uhr geht er 20 Schritte zur Garage und fährt vom Stadtrand mit dem Auto in die Stadt. Die Fahrt wird täglich zur Belastung, weil die Straßen verstopft sind und fast immer ein städtischer Bus mit übelriechenden Abgasen die freie Sicht versperrt. Um 8.00 Uhr beginnt sein Dienst. Er legt Wert auf Pünktlichkeit, kommt aber oft zu spät, weil auf den Straßen kein durchkommen ist. Er hastet zum Aufzug und wartet mit hochrotem Kopf auf »das Ding, das nie kommt, wenn man es dringend braucht«.
Endlich hat er es geschafft und sinkt in seinen weichen Polsterstuhl. Dieser hat Rollen, damit er für den Aktentransport nicht aufzustehen, zu gehen und zu tragen braucht. Er hat auch rechts und links von seinem Schreibtisch weitere Ablagemöglichkeiten

Abb. 2: Beruflicher Alltag

postiert, damit er nicht so weit zu rollen braucht, wenn er etwas benötigt. Alle modernen Hilfsmittel wie Telefon und Rechnertastatur hat er gut erreichbar aufgestellt. Er verlässt seinen Polstersessel nur, wenn er ein allzu menschliches Bedürfnis verspürt. Andere Bedürfnisse körperlicher oder gar psychischer Art missachtet er. Der gesunde Ausgleich durch körperliche und psychische Aktivität oder Entspannung kommt nicht zustande. Da er im betrieblichen Alltag immer wieder Ärger und Verdruss schluckt und die zur Auflösung des Ärgers bereitgestellten Energien nicht gebraucht, kommt es zu Überspannung und zum Energiestau. Der Betroffene wird fahrig, konzentrationsschwach, nervös, verspannt, hektisch und fühlt sich am Abend total abgekämpft. »Die Arbeit macht mich einfach kaputt; die heutigen Arbeitsbedingungen sind grausam«, sagt er zu seiner Frau, zieht sich mit dieser Entschuldigung hinter die Zeitung zurück. Er lässt sich von seinen Kindern abschirmen: »Papa hatte einen anstrengenden Tag und braucht seine Ruhe!« Wenn die Abschirmung nicht mehr funktioniert, wird der Fernsehapparat eingeschaltet und nicht mehr ausgeschaltet. Beim Fernsehen herrscht Ruhe im Bau. Manchmal wird ein Satz in den Raum gestellt: »Ist die Sendung doof. Denen fällt auch nichts Gescheites mehr ein«.
Was Sie soeben gelesen haben, ist kein Phantasietagesablauf, sondern wird mir so und ähnlich von Patienten vermehrt geschildert.

Dem unbeteiligten Leser dürften die Fehlverhaltensweisen, Fehlinterpretationen und die vermeidbaren Überspannungen aufgefallen sein. Ich schlage Ihnen vor, den soeben beschriebenen Tagesablauf nochmals durchzugehen und die gesundheitsgefährdenden Punkte dieses Tages auszuzählen.

- Hektik/Überspannung ... mal
- Immobilität/Spannungsstau ... mal
- Fehlinterpretationen ... mal

Haben Sie beim Zählen bald kapituliert? Ich auch. Es sind wirklich zu viele Fälle von Überspannung, die hier summiert werden müssten.
Dabei sind die meisten der hier zu Überspannungen führenden Situationen nicht naturgegeben oder unumgänglich. Der Betroffene schafft sich den inneren und äußeren Überstress weitgehend selbst, indem er sich falsch, d. h. ungesund verhält. Natürlich fühlt er sich abends kaputt und abgekämpft. Es ist überzeugt, dass es die Arbeit ist, die ihn kaputtmacht. Jedoch ist es nicht die Arbeit als solche, die ihn zu zerbrechen droht, sondern die Art und Weise, wie er sein Leben gestaltet. Mit gesundheitsschädigendem Verhalten häuft er weitere innere Spannungen an, die sich als Überspannungen festsetzen.
Erinnern Sie sich an die ungesunde Autofahrerhaltung? Es scheint, als ob viele Mitmenschen diese bewegungsarme und angespannte Haltung beim Auto fahren immer häufiger auf andere Lebensbereiche übertragen, indem sie ihre Tätigkeitsbereiche noch bewegungsärmer gestalten. Warum reagieren sie nicht umgekehrt und schaffen einen gesunden Ausgleich durch Muskelbetätigung und gezielte progressive Entspannungsübungen?
Die Antwort ist leicht: Vordergründige Bequemlichkeit ist im konkreten Einzelfall angenehmer als eigene Aktivität und eigenes Engagement. In der heutigen Zeit werden Aktivität und Engagement vorrangig eingesetzt, um Erfolg zu haben und den Lebensstandard zu erhöhen.. Oft wird mit übermäßigem Ehrgeiz zu hoch gesteckten Zielen nachgeeifert. Der Ehrgeiz zielt dabei fast ausschließlich auf materielle Werte. Ideelle Werte, wie Zufriedenheit im Beruf oder Auskommen mit den Kollegen, sind vielen Mitmenschen zwar willkommen, weil sich dadurch das Sozialprestige erhöhen lässt, der aktive Einsatz dafür lässt aber zu wünschen übrig.

Kann ich für meine Gesundheit selbst etwas tun? Diese Frage wird für denjenigen fremd klingen, der die Ansicht vertritt: Gesundheit hat man oder hat man nicht; warum soll ich etwas dafür tun?

Solche Mitmenschen übersehen, dass sie kein natürliches Leben mehr führen. Der Zivilisationsmensch muss tatsächlich mit gesundheitsstützenden Maßnahmen seine Gesundheit aufrecht erhalten; nur so kann er körperliches und seelisches Wohlbefinden gewährleisten.

Es ist sicher leichter und auch effektiver, für die Gesundheit vorbeugend aktiv zu werden, als nachsorgend gegen Krankheiten an zu kämpfen. Wer nur kurzsichtig auf kurzfristige Bequemlichkeit schaut, sieht diesen übergreifenden Gesichtspunkt nicht. Der kopflastige Geistmensch bzw. Kopfmensch geht noch weiter und konstruiert einen Gegensatz von Geist und Körper, wobei Geist als hochwertig-gut und Körper als minderwertig-krankmachend angesehen wird. Dem Geist werden besonders hoch geschätzte Kategorien zugeordnet: Bewusstsein, Denken, Wollen, Fortschritt, Perfektion, Zukunft. Dem Körper werden Kategorien zugeordnet, die weniger positiv getönt sind: Unvollkommenheit, Defekt, Schmerzen, Leiden, Fühlen.

Dem Körper wird vom Kopf auch vorgeworfen, er habe keine gleichwertigen Fähigkeiten wie der Kopf, und er wird deswegen verurteilt. Eine ähnliche Situation läge vor, wenn ein Firmeninhaber seine Mitarbeiter dafür rügte, dass sie keine Bedarfsanalyse und keine Kalkulation für das von ihnen verarbeitete Teilprodukt erstellt hätten. Ein Firmenoberhaupt, das sich so unangemessen verhält, wird bald den Konkurs anmelden müssen und die Gründe für seinen Bankrott auch verstehen. Ein Körperoberhaupt, welches so verfährt, wird auch zum Bankrott kommen, die Gründe dafür aber nicht bei sich selbst suchen.

Die weiteren Unterschiede sind folgende: Für das Körperoberhaupt lässt der Zusammenbruch länger auf sich warten, weil der Körper eine Zeitlang eigene Regulationsmechanismen einsetzen kann. Der schließendliche Zusammenbruch geht an die Existenz. Das Firmenoberhaupt erlebt den Konkurs, das Körperoberhaupt erlebt ihn nicht immer. Je stärker der Körper strapaziert wurde und je weniger die roten Warnlampen (= Zunahme psychovegetativer Störungen) beachtet wurden, um so verheerender sind die psychosomatischen Folgeerscheinungen.

Die Störungen, die uns als Warnleuchten dienen können, sind in verschiedenen Ebenen angesiedelt und unterschiedlich gut wahrnehmbar. Die meisten Warnzeichen können leicht erkannt werden, wenn die Aufmerksamkeit gezielt auf die Fehlfunktionen und Verhärtungen gelenkt wird. Wenn die Symptome in Abb. 5 (Seite 24) und im Spannungsfragebogen (Seite 26) nicht nur vorübergehend auftreten, sollten sie als Warnleuchten betrachtet werden.

Dadurch werden keine überbewertenden Hypochonder gezüchtet. Die Erfahrungen mit dem Progressiven Entspannungstraining und mit dem Autogenen Training zeigen, dass übertriebenes Beobachten und nachfolgendes negatives Überbewerten von Körperfunktionen in der Praxis sehr selten sind. Es gibt natürlich den Herrn Heidenreich bzw. den Herrn Leidenreich, den Karl Valentin so trefflich beschrieben hat. Herr Leidenreich kennt nur den negativen Aspekt einer Befindensstörung. Er kennt nicht den Gewinn an Wohlbefinden und Störungsfreiheit, den er durch aktiven Einsatz von Entspannungsübungen erreichen kann. So bleibt ihm nur der Krankheitsgewinn, den er durch seine Befindensstörung erzielt. Der vermeintliche Gewinn zeigt sich z. B. in gesteigerter Aufmerksamkeit und ambivalenter Hinwendung der Mitmenschen zum eingebildeten Kranken. Moliere zeigt in seinem Bühnenstück »Der eingebildete Kranke«, welchen despotischen Machteinfluss ein Herr Leidenreich auf seine Mitmenschen ausüben kann.

Die Gründe für Hypochondrie liegen weitgehend in fehlgeleiteter Bedürfnisbefriedigung und sollten von dieser Seite her angegangen werden. Das Entspannungstraining kann dabei unterstützend eingesetzt werden. Die Hinwendung der Aufmerksamkeit zu Körpervorgängen sollte jedenfalls kein Ausschlussgrund für das Erlernen eines Entspannungstrainings sein.

Bei der Hypochondrie wird unbewusst Zuwendung von einem mitmenschlichen Partner gesucht. Bei anderen krankhaften Störungen stellt die Krankheit den zweifelhaften Vorteil dar, seelisches Leid weniger wahr zu nehmen, indem das seelische Leid durch die produzierte Krankheit überdeckt wird. Alexander Mitscherlich fügt den Aspekt Freiheit hinzu: »Statt Leid wird in der Krankheit eine Freiheitsbeschränkung ertragen.« (Freiheit und Unfreiheit in der Krankheit, Suhrkamp, Frankfurt, 1977, S. 75) Einem durch Bettlägerigkeit Freiheitsbeschränkten wird mehr Zuwendung entgegengebracht als einem psychisch Kranken, in seinen Depressionen eingeengten Mitmenschen.

Wer Zweifel an dieser These hat, versetze sich einmal in die übliche Gesprächssituation über einen seelisch belasteten Men-

schen. Hier fallen Worte wie »Der soll sich nicht so anstellen« oder »Der soll sich mal zusammennehmen«. Der psychisch Belastete sucht Hilfe und Zuwendung und findet vielfach Zurückweisung und endet in Hilflosigkeit.
Welche Auswegmöglichkeiten hat er? Einmal die Flucht bzw. das Abdriften in die Krankheit, zum anderen mitmenschliche bzw. fachliche Hilfe und die Möglichkeit der gezielten Selbsthilfe.
Diese Thematik kann hier nur kurz angerissen werden. Sie ist jedoch von Bedeutung, da Flucht, mangelnde Mitmenschlichkeit und mangelnde Zuwendung vielen Krankheiten und Spannungssyndromen zugrunde liegen.
Ich wünsche mir, dass ich Sie zum Nachdenken und Handeln anregen kann. Eine Möglichkeit der Selbsthilfe wird Ihnen in Form des Progressiven Entspannungstrainings in diesem Buch vermittelt. Denken Sie beim Trainieren nicht nur daran, das Training als mechanische Technik zu benützen. Die zunehmende Entspannung, die sich mit Hilfe des Trainings einstellen wird, sollen Sie auch dazu verwenden, sich den Spannungsursachen besser und leichter stellen zu können.
Flucht in die Krankheit, um mehr Zuwendung zu erhalten, ist nur einer von vielen Aspekten, die bei der Ursachenanalyse von Bedeutung sein können.
Ich will Ihnen nun weitere mögliche Problem- und Konfliktbereiche nennen, die Ihnen eventuell als Anhaltspunkte bei Ihrer Ursachenanalyse dienen können. Ich lehne mich dabei an die Darlegungen des Sozialmediziners Hans Schaefer an, dessen Überlegungen vor wenigen Jahrzehnten noch aufsehenerregend waren, heute aber bereits weitgehend trotz Pisa-Studie zum Allgemeinwissen gehören. Das Schema in Abb. 3 ist angelehnt an die Veröffentlichung von Schaefer/Blohmke: Herzkrank durch psychosozialen Streß, Hütig, Heidelberg, 1977, S. 176. Die Rangordnung der Risiken hat den Vorteil, dass nicht nur ein Konglomerat von medizinischen Risikofaktoren nebeneinandergestellt wird, sondern ein Bedingungsgefüge entsteht, in dem Zusammenhänge deutlich werden können (siehe Abb. 3 auf Seite 19).
Im Zusammenhang mit Herzkreislauferkrankungen werden meist lediglich die folgenden Risikofaktoren genannt und ohne inneren Zusammenhang nebeneinandergestellt: (Über-)Stress, Rauchen, Erhöhter Blutfettgehalt, Erhöhter Blutdruck, Erhöhter Blutzuckergehalt, Übergewicht, Bewegungsmangel. Diese Aufzählung

wirkt so endgültig, dass man leicht den Fehler macht, lediglich einen einzelnen Risikofaktor zu behandeln und das Bedingungsgefüge außer acht zu lassen. Es werden z. B. erhöhte Blutfettwerte (Abb. 3, Stufe 7) mit blutfettsenkenden Medikamenten behandelt. Man missachtet die eigentlichen Ursachen, nämlich Fehlverhaltensweisen sowie die gestörte Adrenalin- und Sympathikusaktivität (Stufen 5 und 6), die wiederum mit emotionalem Stress verbunden sind. (Stufe 4)

Der emotionale Stress entsteht aufgrund psychischer und sozialer Belastung (Stufen 1-3). Einige Anhaltspunkte für die möglichen Ursachen finden Sie in den oberen drei Reihen des Schemas. Wenn Sie die Ursache in beruflichen Schwierigkeiten (Stufe 2) vermuten, sollten Sie diese Schwierigkeiten zunächst genauer betrachten. Beschreiben Sie einen typischen Tagesablauf, wie das bezüglich des Angestellten auf Seite 12 bereits geschehen ist.

Wahrscheinlich werden Ihnen dabei die Gründe und Änderungsansätze für die Störungen deutlicher. Sollten Sie Ihre Schwierigkeiten mit den »unmenschlichen Verhältnissen im Arbeitsbereich und in der heutigen Zeit« begründet haben, so wird diese Erklärung bei »Gestörtes Sozialgefüge« (Stufe 1) eingeordnet. In einem solchen Fall ist im Sozialgefüge etwas in Unordnung. Das Sozialgefüge besteht aus dem Beziehungsgefüge zwischen einzelnen Personen. Eine der betroffenen Person sind Sie selbst. Es ist zu fragen, wo die Störstellen liegen und durch welche Eingriffe sie zu verändern sind. Ihre persönlichen Anteile an der Störung können Sie an erster Stelle betrachten. Diese können Sie mit eigenem Tun am leichtesten verändern.

Ihre eigenen gesundheitsschädigenden Risikofaktoren können in Verhaltens- und Persönlichkeitsstörungen liegen (Stufe 1), wie z. B. in aggressivem oder ängstlichem Auftreten bzw. in einer negativ gefärbten Lebenseinstellung. Die Störungen, die zu beruflichen und familiären Schwierigkeiten (Stufe 2) führen, sind sehr mannigfaltig. Der Übersichtlichkeit willen sollen nur einige Beispiele genannt werden.

Mit »sozialer Umbruch« (Stufe 2) sind gesellschaftliche, standesgemäße, räumliche und persönliche Veränderungen größeren Ausmaßes gemeint. Eine Trennung, ein Berufs- oder Ortswechsel sind für jeden Menschen belastend und damit auch ein potentielles Gesundheitsrisiko. Eine nachfolgende Erkrankung ist jedoch unwahrscheinlich, wenn keine oder nur geringe Verhaltens- oder Persönlichkeitsstörungen (Stufe 1) vorliegen. In solchen Fällen ist

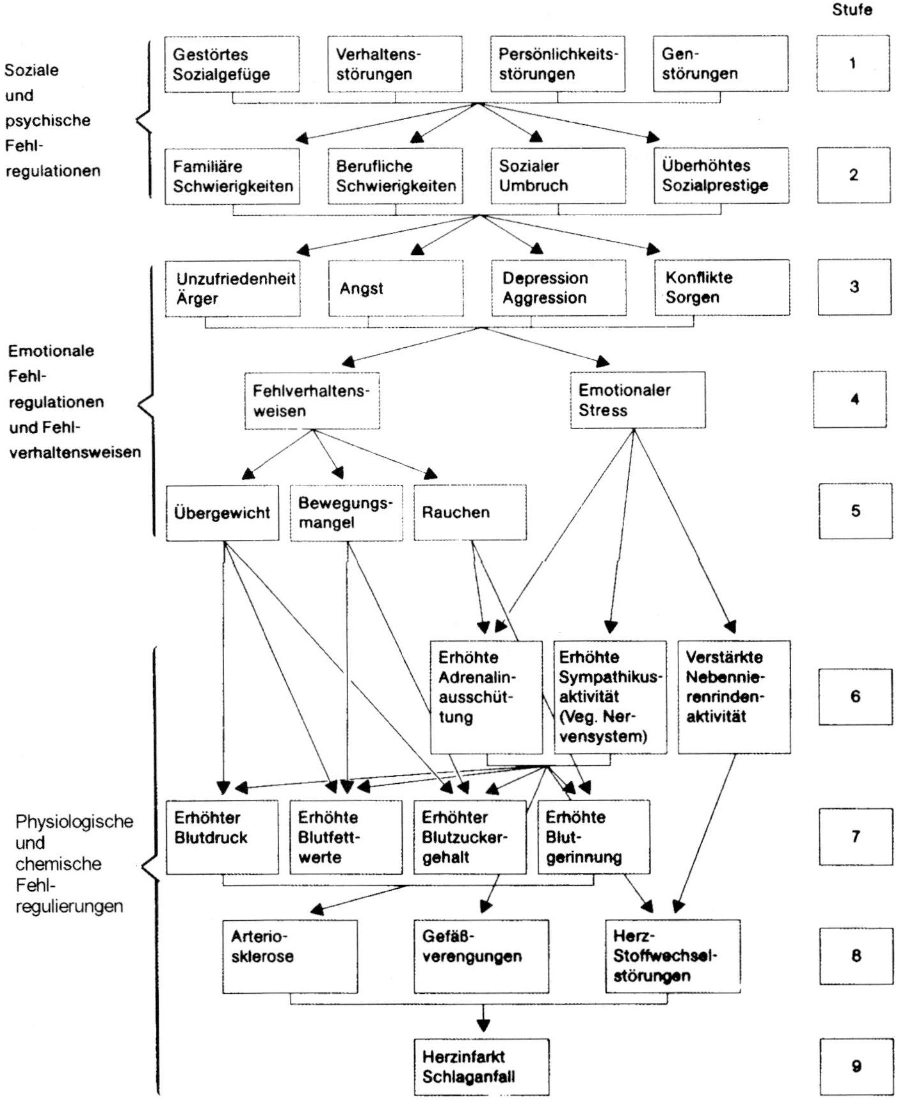

Abb. 3: Bedingungsgefüge der gesundheitsschädigenden Risiken

die Wahrscheinlichkeit gering, dass Unzufriedenheit, Ärger, Angst, Depression, Aggression, Konflikte oder Sorgen (Stufe 3) auftreten.

Eine der eben genannten Befindensstörungen (Stufe 3) reicht aus, um Fehlverhaltensweisen und emotionalen Stress (Stufe 4) größeren Ausmaßes hervorzurufen. Wer in einer Konfliktsituation zum Alkohol greift, verdrängt das anstehende Problem und schädigt Leber und Kopf. Wer seinen Kummer durch vermehrtes Essen überdecken will, isst sich Kummerspeck an (Stufe 5) und erhöht seinen Blutdruck, Blutfette und Blutzucker (Stufe 7). Die Blutwerte werden nicht nur von der Nahrungsaufnahme, sondern auch hormonell und nervlich beeinflusst (Stufe 6). Über die Nebennieren werden nämlich die Stresshormone Adrenalin, Noradrenalin und Cortisol ausgeschieden und in den Kreislauf geschickt. Die Körpervorgänge, speziell die Stoffwechselvorgänge, werden hormonell überaktiviert.

Neben der hormonellen findet auch eine nervliche (Über-)Aktivierung statt. Dabei wird besonders der Sympathikusanteil des Vegetativen Nervensystems verstärkt aktiviert.

Es folgen einige Erläuterungen zum Vegetativen Nervensystem (VNS), da gerade das VNS neben den anderen Körpersystemen Spannungseinflüssen unterliegt, die mit Hilfe des Progressiven Entspannungstrainings abgebaut werden können. Das VNS ist das unwillkürliche Nervensystem bzw. das dem Willen nicht unterworfene Lebensnervensystem. Da es die wichtigsten Lebensfunktionen steuert, ist die Bezeichnung Lebens-Nervensystem sehr angemessen. Von hier aus werden die unwillkürlichen Körpervorgänge wie Herztätigkeit, Atmung, Verdauung, Spannung, Entspannung usw. automatisch gesteuert.

Die sensible automatische Steuerung hat die Eigenart, leicht störanfällig zu sein. So ist es auch beim Vegetativen Nervensystem, da das Regelsystem von vorrangig aktivierendem oder anspannendem Sympathikus und regenerierendem oder entspannendem Parasympathikus sich stets auspendeln muss, um ein gesundes Gleichgewicht zu erhalten (vgl. Abb. 4).

Warum gerade die Magen-Darm-Tätigkeit vom Sympathikus gehemmt wird, lässt sich entwicklungsgeschichtlich erklären: Die Aktivierung fast aller Körperfunktionen durch den Sympathikus hat den Sinn, den Organismus in einen erhöhten Aktivitätszustand zu versetzen, so dass er auch in extremen Belastungen, wie Kampf- oder Fluchtsituationen, angemessen reagieren kann. Die Beschleunigung der Herzfrequenz hat den Sinn, die körper-

	Sympathikus	Parasympathikus
Blutgefäße	Verengung	Erweiterung
Herzfrequenz	Beschleunigung	Verlangsamung
Atmung	Beschleunigung	Verlangsamung
Hormonausschüttung	Anregung	Hemmung
Blutdruck	Erhöhung	Senkung
Blutfette	Erhöhung	Senkung
Blutzucker	Erhöhung	Senkung
Blutgerinnung	Erhöhung	Senkung
Magentätigkeit	Hemmung	Anregung
Verdauung/Harn	Hemmung	Anregung

Abb. 4: Vegetatives Nervensystem mit dem aktivierenden Sympathikusanteil und dem regenerierenden Parasympathikusanteil

liche Mehrarbeit bewältigen zu können; die Erhöhung der Gerinnungsfähigkeit des Blutes soll bei eventuellen körperlichen Verletzungen das Schließen der Wunden beschleunigen. In einer solchen extremen körperlichen Belastungssituation ist es nicht sinnvoll, dass zusätzliche Energien für die Verdauung bereitgestellt werden. In der Entwicklungsgeschichte hat sich daher der Mechanismus herausgebildet, dass der Sympathikus in Alarmsituationen vorrangig die Funktionen anregt, die zur Bewältigung der körperlichen Belastungssituation nötig sind.
Der Organismus kann allerdings nicht zwischen körperlichen und seelischen Belastungssituationen unterscheiden. Dies bedeutet, dass auch bei jeder seelischen Alarmsituation die entsprechende körperliche Aktivierung stattfindet. In jeder Stresssituation werden über Hormone und Sympathikus die in Abb. 4 angegebenen Prozesse in Gang gesetzt. In einer emotionalen Stresssituation wäre dies nicht nötig. In einer emotionalen Belastungssituation werden nämlich Energien aufgebaut und Stoffwechselvorgänge angeregt, die nicht gebraucht und nicht verbraucht werden. Bei länger andauernden Aktivierungen kommt es zu Schädigungen des Organismus.
Das Gleichgewicht im Vegetativen Nervensystem ist eine ständige Forderung. Das ausgependelte Gleichgewicht kann und soll sich jeder sich verändernden Situation umgehend anpassen. Die eigentliche Schwierigkeit liegt in der andauernden Überstressbe-

lastung, der damit zusammenhängenden dauernden Sympathikusüberaktivität und den daraus erwachsenden Folgen wie Blutveränderungen, Magengeschwüren, Herzstoffwechselstörungen, Gefäßveränderungen und arteriosklerotischen Ablagerungen (Stufen 7 und 8). Oft muss es bis zum Herzinfarkt, Schlaganfall oder Krebs (Stufe 9) kommen, ehe die Betroffenen innehalten und aufgrund von Beschwerden, Leidensdruck oder Schmerzen erstmals über ihre Situation nachdenken, Ursachen suchen und Änderungswege zur Beseitigung der gesundheitsschädigenden Spannungen, Risikoverhaltensweisen und deren körperlichen Folgen erproben.

Frühzeitig auf Gesundheitskurs zu steuern ist mit Sicherheit günstiger und gesünder.

Für eine Hinwendung zur Gesundheit und damit zur verbesserten Lebensqualität ist es aber nie zu spät. Selbst oder gerade wenn die verbleibende Lebensspanne kurz bemessen erscheint, ist es ratsam, auf Leben umzuschalten und nicht den verschiedensten Gütern hinterherzulaufen - und damit am Leben vorbeizulaufen.

Auch der Gesundheit sollten Sie nicht im eigentlichen Sinne des Wortes »hinterherlaufen«. Das tun manche verbissene Jogger und Walker, die mit ihren verzerrten Gesichtern den Eindruck machen, als liefen sie um ihr Leben. Das ist nicht der richtige Weg. Gesundheitsstörungen und Krankheiten sollen zunächst angenommen und nicht verdrängt oder ignoriert werden. Danach folgt die gründliche und ehrliche Erforschung der eigentlichen Ursachen. Im dritten Schritt ist zu überlegen, wie diese Ursachen anzugehen sind. Im vierten Schritt werden die Ergebnisse der Überlegungen in die Tat umgesetzt. Die Unterstützung durch einen verständnisvollen Partner ist bei den einzelnen Schritten von Vorteil.

Wenn Sie bei Ihrer Krankheitsanalyse diese vier Schritte gehen:

1. Schritt: Wahrnehmen und Akzeptieren der Gesundheitsstörung
2. Schritt: Gründliche Erforschung der Ursachen
3. Schritt: Analyse von Lösungsmöglichkeiten
4. Schritt: Ausführung der notwendigen Maßnahmen,

dann werden Sie Überstress nicht mit Pillen behandeln brauchen.

Das Entspannungstraining kann helfen, die Durchführung der notwendigen Schritte zu erleichtern. In der Entspannung befindet sich das Vegetative Nervensystem und der ganze Mensch nämlich in einem ausgewogenen, ausgeglichenen Zustand. Dies erleichtert weitere Handlungen.

Zusätzlich soll das Bedingungsgefüge der Risiken so weit nach oben verfolgt werden, bis Sie Ihre ursächlichen Risiken finden. (Vgl. Abb. 3)

Mit Hilfe des Entspannungstrainings finden Sie dann den gewissen Abstand, der es Ihnen erleichtert, sich den Risikosituationen zu stellen, die den ständigen Spannungsnachschub liefern.

Die Verspannungsfolgen zeigen sich im seelischen Befinden, im körperlichen Befinden, in seelischen Störungen, in körperlichen Störungen, in seelischen Krankheiten, in körperlichen Krankheiten.

Das Progressive Entspannungstraining kann wesentlich zur Überspannungsbeseitigung bzw. Störungsentlastung in allen genannten Bereichen beitragen. Der Hauptansatzpunkt liegt beim Muskelsystem, genauer gesagt bei den willkürlichen Muskeln. Durch systematisches Anspannen und Entspannen werden Muskelspannungen gelockert. Einspüren und Wahrnehmen von angenehmen Körpergefühlen hilft zusätzlich bei der seelischen Entspannung. Da alle Funktionen im Organismus miteinander verknüpft sind, breitet sich die Entspannung auch im Nervensystem, im Kreislaufsystem und im biochemischen System aus. Umgekehrt ist es ebenso mit der Ausbreitung von Spannungen und mit dem Festsetzen von Verspannungen.

Wie können Sie feststellen, welche Spannungen und Verspannungen in Ihrem Körper vorhanden sind?

Einzelne oder eine Kombination von Muskelspannungen können anzeigen, dass sich der gesamte Organismus und der ganze Mensch in einem Verspannungszustand befindet (siehe Abb. 5).

Die Verbindung von schwitzenden Händen mit innerer Anspannung oder von schnellem Puls mit innerer Erregung dürfte Ihnen bekannt und nachvollziehbar sein. Weniger bekannt, aber sicher einleuchtend ist der Zusammenhang zwischen gepresstem Kiefer und vorausgegangener verbissener Anstrengung. Hochgezogene Schultern sind folgen oft Angsterleben oder Abwehrgefühlen. Über die hier angedeuteten körperlich-seelischen Zusammenhänge erfahren Sie bei den einzelnen Übungen mehr.

Das Ergebnis einer umfassenden Spannungslösung stellt sich im Körper wie in Abbildung 6 angegeben dar.

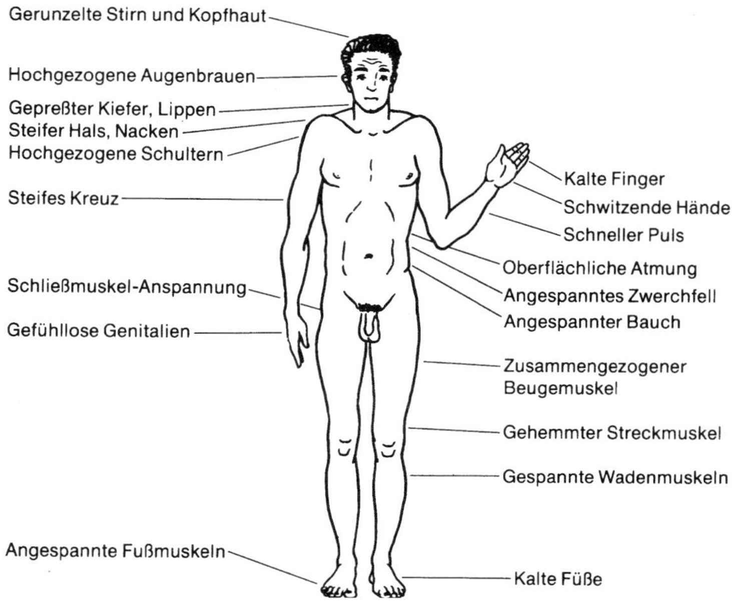

Abb. 5: Zunehmende Körperspannungen als Hinweise auf Gesamtverspannung

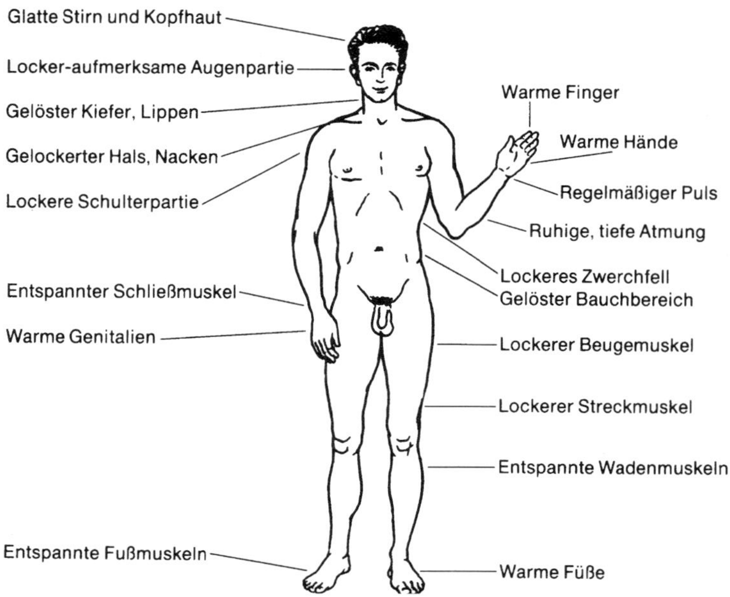

Abb. 6: Körpergefühle nach dem Entspannungstraining

Gelöste Verspannungen führen zu den in der Abb. 6 näher beschriebenen Körpergefühlen. Bereits das Loslassen von Muskelspannungen führt zu einem umfassenden Gefühl von Entspannung. Entspannungsgefühle sind immer positiv getönt und haben daher positive Einflüsse auf das psychische Gesamtbefinden.

Dagegen sind Überspannungsgefühle stets negativ getönt und wirken sich auf das Gesamtbefinden negativ aus. Das Wohlbefinden wird beeinträchtigt und psychische, psychovegetative und psychosomatische Leiden können sich leichter entwickeln. Selbst wenn nur eine Befindensstörung stark oder länger andauernd vorhanden ist, so ist die Wahrscheinlichkeit, dass andere Gesundheitsbeeinträchtigungen nachfolgen, recht groß. Ich erinnere in diesem Zusammenhang noch einmal an die Abb. 3 auf Seite 19.

Die psychovegetativen Störungen machen sich in den meisten Fällen zunächst als Muskelverspannungen im Schulterbereich bemerkbar. Später breiten sie sich auf weitere Muskelbereiche aus. Das Progressive Entspannungstraining kann hier gezielt ansetzen und die Muskelverspannungen und Muskelverhärtungen schrittweise ausgleichen. Wenn der Spannungsausgleich durch ausreichende Entspannung und Erholung nicht stattfindet, wird sich in den meisten Fällen die folgende Kettenreaktion ergeben: Schulterverspannungen -- innere Unruhe -- Schlafstörungen -- Konzentrationsschwierigkeiten -- Reizbarkeit -- Überlastungsgefühle -- Aggressivität oder Depression oder weitere psychovegetative Störungen bzw. psychosomatische Leiden (vgl. Abb. 39 auf Seite 124).

Welchen hohen Stellenwert das Entspannungstraining für die Gesundheit hat, zeigen die Ergebnisse neuerer Untersuchungen, nach denen über 50% der Menschen in unserer Bevölkerung unter psychovegetativen Störungen größeren Ausmaßes leiden.

Spannungsfragebogen

Bevor Sie das Progressive Entspannungstraining einüben, möchten Sie sicherlich abschätzen, ob dieses Verfahren für Sie geeignet ist und was es Ihnen bringen kann. Der folgende Spannungsfragebogen mit seinem Auswertungsergebnis kann Ihnen bei der Beantwortung dieser Fragen helfen.

Spannungsfragebogen

Im folgenden finden Sie eine Liste von Leiden und Beschwerden.
Kreuzen Sie bitte das für Sie zutreffende Feld in jeder Zeile an.

	häufig/ stark	selten/ manchmal	nicht/ niemals
1. Innere Unruhe	( ) 2	( ) 1	( ) 0
2. Reizbarkeit/Nervosität	( ) 2	( ) 1	( ) 0
3. Einschlafschwierigkeiten	( ) 2	( ) 1	( ) 0
4. Durchschlafprobleme	( ) 2	( ) 0	( ) 0
5. Starkes Schlafbedürfnis	( ) 2	( ) 1	( ) 0
6. Mattigkeit/Schwächegefühl	( ) 2	( ) 1	( ) 0
7. Abgespanntheit	( ) 2	( ) 0	( ) 0
8. Muskelverspannungen	( ) 2	( ) 1	( ) 0
9. Kreuz-/Rückenschmerzen	( ) 2	( ) 1	( ) 0
10. Zittrigkeit	( ) 2	( ) 1	( ) 0
11. Konzentrationsschwierigkeiten	( ) 2	( ) 0	( ) 0
12. Aufsteigende Hitze	( ) 2	( ) 1	( ) 0
13. Schweißausbrüche	( ) 2	( ) 0	( ) 0
14. Schwindelgefühle	( ) 2	( ) 1	( ) 0
15. Kopfschmerzen	( ) 2	( ) 1	( ) 1
16. Echte Migräne	( ) 2	( ) 1	( ) 0
17. Berufliche Sorgen	( ) 2	( ) 1	( ) 0
18. Private Sorgen	( ) 2	( ) 1	( ) 0
19. Seelische Konflikte	( ) 2	( )1	( ) 0
20. Angstgefühle	( ) 2	( ) 2	( ) 0
21. Schwere Träume	( ) 2	( ) 1	( ) 0
22. Krampfhaftes Weinen	( ) 2	( ) 2	( ) 0
23. Beklemmungsgefühle	( ) 2	( ) 2	( ) 0
24. Kloß-/Würgegefühl im Hals	( ) 2	( ) 2	( ) 0
25. Übelkeit	( ) 2	( ) 1	( ) 0
26. Herzschmerzen	( ) 2	( ) 1	( ) 0
27. Herzjagen/Herzstolpern	( ) 2	( ) 2	( ) 0
28. Kreislaufbeschwerden	( ) 2	( ) 1	( ) 0
29. Kalte Hände/Füße	( ) 2	( ) 1	( ) 0
30. Magenbeschwerden	( ) 2	( ) 2	( ) 0
31. Verdauungsbeschwerden	( ) 2	( ) 1	( ) 0
32. Atembeschwerden	( ) 2	( ) 1	( ) 0
33. Grübeln über die Krankheit	( ) 2	( ) 1	( ) 0

34. Wie verhalten Sie sich in Konfliktsituationen/bei Auseinandersetzungen?
 - im Betrieb: ....
 - zu Hause: ....

35. Welche Probleme belasteten Sie in letzter Zeit?
 ....

Auswertung

1. Addieren Sie die hinter Ihren Kreuzen stehenden Zahlen. ......Punkte
2. Beurteilen Sie das Verhalten in Konfliktsituationen/bei Auseinandersetzungen (Ziffer 34) nach folgendem Schema:
   a) Besonnene/überlegte Reaktion je 0 Punkte
   b) Erregte/hektische Reaktion je 2 Punkte
   c) Sich zurückziehende/aufstauende Reaktion je 4 Punkte ......Punkte
3. Burteilen Sie Ihre Probleme (Ziffer 35) nach Belastungsstärke mit je 1- 3 Punkten
   a) etwas belastend je 1 Punkt
   b) belastend je 2 Punkte
   c) stark belastend je 3 Punkte ......Punkte

---

gesamt: ....Punkte

Bewertung

0-14 Punkte:
Sie können sich über Ihre relativ gute psychovegetative Stabilität freuen. Das Progressive Entspannungstraining wird bei Ihnen vor allem vorbeugende und gesundheitsstabilisierende Wirkung haben. Sie können damit rechnen, dass sich die von Ihnen angegebenen Beschwerden bessern oder beseitigen lassen. Konsequente Einübung des Entspannungstrainings ist natürlich Voraussetzung.

15-29 Punkte:
Die Kettenreaktionen der sich verstärkenden psychovegetativen bzw. psychosomatischen Störungen finden bei Ihnen bereits statt. Sie sollten möglichst bald mit dem Entspannungstraining beginnen. Nach etwa 4 - 8 Wochen konsequenten Trainierens, verbunden mit gezielter Problembearbeitung, können Sie eine wesentliche Besserung bzw. die Beseitigung der Beschwerden erreichen.

30 und mehr Punkte:
Sie stecken bereits tief im Kreisprozess der Verspannungen und emotionalen Belastungen. Lesen Sie besonders aufmerksam die

Ausführungen zu den psychosomatischen Wechselwirkungen, ziehen Sie die notwendigen Konsequenzen für die Problem- und Konfliktbearbeitung und setzen Sie diese in die Tat um. Daneben können Sie konsequent die Entspannungsübungen durchführen. Auch Sie können eine Linderung bzw. die Beseitigung einer Reihe von Beschwerden erreichen, nur wird dies länger dauern als bei den anderen Gruppen.

Ziele der Entspannung

Die Entspannungsziele sind je nach eigenem Standpunkt und persönlicher Sichtweise unterschiedlich. Für die meisten Übenden steht zunächst der Aspekt der **körperlich-muskulären Entspannung** im Vordergrund. Diese Ansicht wird durch die Benennung des Verfahrens als Tiefenmuskel-Entspannungstraining unterstützt. Tiefmuskel-Entspannungstraining heißt tiefe muskuläre Entspannung, die sich über den Ansatzpunkt bei den Muskeln in die Tiefe des Organismus hinein ausbreitet. Über die Muskelentspannung in die Tiefe gehende Entspannung wird meistens als Schwereerlebnis wahrgenommen. Bei Fortgeschrittenen kann sich dieses Gefühl in das paradoxe Gegenteil, ein Schwerelosigkeits- bzw. Leichtigkeitserlebnis umkehren. Das Schweregefühl zeigt die muskuläre Entspannung bestimmter Muskelbereiche und die Ausbreitung in andere Bereiche an. Das Leichtigkeitsgefühl zeigt, dass die Muskelentspannung sich auf den ganzen Organismus ausgebreitet hat.

Über die reine Muskelentspannung hinausgehend kommt es zu **Nerven- und Kreislaufentspannung.** Die Lösungen von willkürlichen und unwillkürlichen Muskelspannungen helfen dabei. Die verengten Blutgefäße können sich erweitern, der Durchmesser der Adern vergrößert sich, das Blut kann freier fließen, und ein angenehmes Gefühl von Wärme breitet sich aus. Mit der Entspannung wird die Durchblutung vermehrt, kalte Hände oder kalte Füße werden wärmer, die eventuell behinderte Durchblutung in den Herzkranzgefäßen verbessert sich.

Die Entspannung hat auch lösenden und entkrampfenden Einfluss auf andere Körpersysteme und kann daher mit dem Ziel **umfassender, ganzheitlicher Entspannung** eingeübt werden. Mit ganzheitlicher Entspannung ist nicht nur die Entspannung des ganzen Körpers gemeint, sondern vielmehr die Entspannung des ganzen Menschen.

Ganzheitliche Entspannung wird in den asiatischen Kulturen seit Jahrtausenden gelehrt und praktiziert. Für die meist meditativen Techniken spielt das Körperzentrum, Hara genannt, eine wichtige Rolle. Hara ist der natürliche Schwerpunkt, der Balancepunkt im Körper, der etwa zwischen den Hüften, etwas nach oben verschoben, in der Mitte des Körpers liegt. In der Vorstellung der Asiaten geht von hier die Lebensenergie aus, die in Indien »Prana«, in China »Ch'i« und in Japan »Ki« genannt wird. Diese ganzheitliche Kraft hat wohl auch Wilhelm Reich gemeint, als er von »Orgon-Energie« sprach. Er konstruierte ein Instrument, welches die energetischen Ströme aktivieren sollte. Seine Gedanken und Vorschläge konnten sich allerdings nicht durchsetzen. Dem kopflastigen Europäer ist der Gedanke, dass Lebensenergien vom Bauch ausgehen sollen schwer vorstellbar, sogar unangenehm. Vor allem viele Nordeuropäer haben den Geist und den Körper strikt auseinanderdividiert, voneinander getrennt und den Geist als die eigentliche menschliche Qualität hochstilisiert. Der Unterleib wird mit Hilfe zivilisatorischer Zwänge verkleinert, der Geist-Kopf vergrößert. Überspitzt ausgedrückt, könnte ein Forschungsauftrag über die Möglichkeit physischer Kopfgeburten vergeben werden. Es ist uns zu wünschen, dass wenigstens die letzte Vorstellung Utopie bleibt und der Mensch sich wieder mehr zur ganzheitlichen Betrachtung des Organismus hinwendet. Das Entspannungstraining hilft, diese geistig-körperliche Verbindung zu stärken und die psycho-somatische Ganzheit mit Leben zu füllen. Hierin liegt ein wesentliches Ziel des Entspannungstrainings.
Es ist eine Illusion, Seele, Geist und Körper ungestraft auseinanderdividieren zu können. Vielmehr treten immer mehr negative Körperempfindungen auf, je mehr jemand versucht, die Ganzheitlichkeit des Menschen zu verletzen. Negative Erlebnisse wie Ärger oder Aufregung werden dann in Verspannungen und Muskelverhärtungen verkörpert. Wut führt dann zu Zornesfalten und Magendarmbeschwerden. Konflikte führen zu verbissenem Kiefer- und Kopfdruck. Die Beispiele lassen sich beliebig fortsetzen. Angst führt zu Beklemmungsgefühlen und Schulterverspannungen. Die Beklemmungsgefühle und die Schulterverspannungen sind Angst auf Körperebene. Ein ausgeglichener Mensch lässt eine solche negative Verschiebung auf den Körper nicht zu, weil er spürt, dass eine solche Verschiebung negative Folgen für das ganze Individuum hat. Die negativen Folgen können sich als Unzufriedenheit, Schmerzen und Verstärkung der Angst zeigen.

Ein wirklich souveräner Mensch wird den Angstgründen nachgehen, eine emotionale Verarbeitung in Gang setzen und der Angst das Gegenteil von Angst, nämlich Freiheit, Vertrauen, Geborgenheit und Liebe entgegensetzen (vgl. Abb. 7).

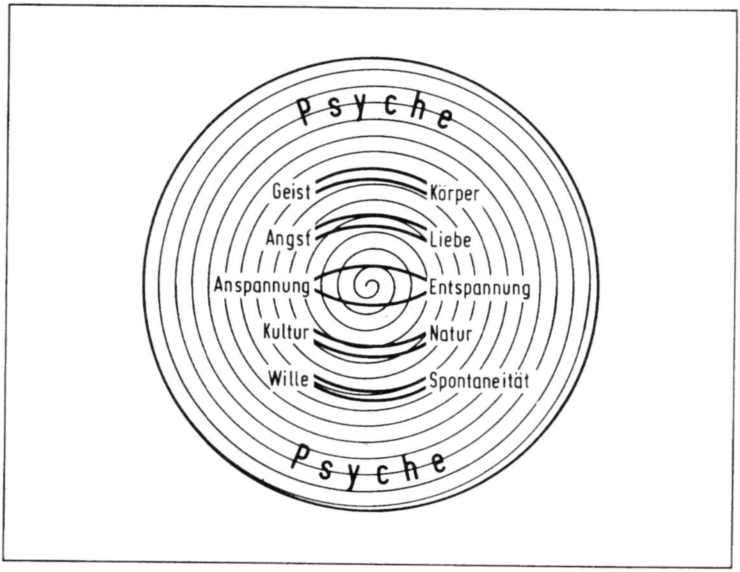

Abb. 7: Polarisierte menschliche Qualitäten im Regelkreis

Diese Darstellung ist sicher zu stark vereinfachend. Sie kann jedoch deutlich machen, dass bei vorwiegend rationaler Steuerung die körperlichen und seelischen Grundbedürfnisse zu kurz kommen, der gesunde Ausgleich nicht stattfinden kann und die negativen Wahrnehmungen des Geistes auch in andere Bereiche verschoben werden. Wenn einzelne Bereiche die Oberhand gewinnen und zu wenig Interessenausgleich zustande kommt, reagiert der Körper mittelfristig mit Systemstörungen, also mit Beschwerden oder Krankheiten.
Gesundheit ist der Zustand der Balance zwischen den Ansprüchen des Geistes und des Körpers.
Gesundheit ereignet sich bei Ausgleich der Polaritäten, Krankheit ereignet sich bei Übergewicht einer Polarität. Krankheit ist die Folge der Unausgewogenheit zwischen den Ansprüchen des

Geistes und des Körpers. Das vereinheitlichende Bindeglied zwischen den Polen ist die Seele. Die Seele findet die stärkste Ausdruckskraft in den Gefühlen.
Im Progressiven Entspannungstraining werden wir oft von Gefühlen sprechen, weil wir durch Aktivierung von Wohlfühlen (wie auch in der ganzheitlich orientierten Wellness-Bewegung) die innere Balance und damit die ganzheitliche Gesundheit fördern können.
Bisher haben wir Körpergefühle weitgehend als negativ erlebt, da wir diese nur im Zusammenhang mit Gesundheitsstörungen beachtet haben. Beim progressiven Entspannungstraining werden wir lernen, **positive Körpergefühle** stärker zu beachten und durch die positiven Effekte Gefühle mehr zu akzeptieren. Dies ist wichtig, weil negative Gefühle bzw. Verspannungen die **Wahrnehmungsfähigkeit** im allgemeinen und die Problemsicht im besonderen beengen. Das Progressive Entspannungstraining **erweitert den Horizont,** weil wir uns in der angstfreien Entspannung den Themen des Alltags leichter stellen können.
Entspannung wirkt auch entängstigend. Verspannung ist nicht selten körperlich verfestigte Angst. Unaufgelöste Angst führt zu Verspannungen, Verkrampfungen und schließlich zum Muskelpanzer. Der Muskelpanzer zeigt sich in verhärteten Muskeln, abgedrängten Gefühlen und verhärteten Lebenseinstellungen. Die Panzerung soll vor unangenehmen Gefühlen, meist vor Angstgefühlen, schützen. Dieses Ziel wird durch die Abschottung auch teilweise erreicht. Der erzielte Sieg ist allerdings ein Pyrrhussieg, weil die Angst nicht beseitigt, sondern lediglich verschoben wird. Da die Gefühlsmanipulation den gesamten emotionalen Bereich betrifft, können auch positive Gefühle immer weniger wahrgenommen werden und es kommt im Laufe der Zeit zu einer emotionalen Verarmung.
Diese Ausführungen sind für Sie von besonderer Bedeutung, wenn die Entspannungsübungen zunächst nicht den gewünschten Entspannungseffekt bringen sollten, sondern stattdessen Unruhe, Ängstlichkeit, eventuell Weinen oder Ungeduld auftreten sollten. Entspannung durchbricht den Muskelpanzer. Dies hat zur Folge, dass die unangenehmen Gefühle, die vorher körperlich verkapselt waren, im Gefühlsbereich wieder spürbar werden. Falls Sie störende Erlebnisse wahrnehmen sollten, ist dies kein Grund, mit dem Training aufzuhören. Diese Wahrnehmungen können Ihnen vielmehr deutlich machen, dass gravierende Probleme bzw. Ängste noch nicht genügend verarbeitet sind.

Wenn Sie zu dem Schluss kommen, das sich aufdrängende Problem oder die Einstellung dazu nicht alleine lösen oder ändern zu können, bietet sich psychotherapeutische Unterstützung an.
Das erste Ziel des Entspannungstrainings ist in solchen Fällen die schrittweise Auflösung der Gefühls- und Muskelpanzerung. Zur Auflösung von objekt- oder situationsgebundenen Ängsten, wie Tier- oder Raumängsten, kann Ihnen das im letzten Teil des Buches erläuterte Programm zum systematischen Angstabbau Anregungen und Hilfestellungen geben. Das Entspannungstraining muss bereits eingeübt sein, bevor die beschriebene systematische Entängstigung durchgeführt werden kann.
Wenn Sie den Text bis hierhin aufmerksam gelesen haben, ist Ihnen bereits deutlich geworden, dass Entspannungsübungen nicht nur die körperliche Entspannung von Muskeln, Nerven und Kreislauf zum Ziel haben. Vielmehr ist eine **Entspannung des ganzen Menschen** das Ziel. Da der Mensch nicht nur aus Körper, sondern auch aus Geist und Seele besteht, soll die ganzheitliche Entspannung stets vor Augen sein. Gesundheit ist das harmonische Miteinanderwirken aller Bereiche. Das Entspannungstraining hat die Aufgabe, zur ausbalancierten Harmonie beizutragen.
Vergegenwärtigen Sie sich jetzt, was die Harmonie und damit die Gesundheit beeinträchtigt. Im Spannungsfragebogen (Seite 26) wurden die psychischen, vegetativen und körperlichen Störungen abgefragt, die die Harmonie stören oder bereits als Krankheiten zu bewerten sind. Mit dem Erkennen der aktuellen Gesundheitsstörungen allein ist es jedoch nicht getan. Fragen Sie sich weiter, welche Erlebnisse zu diesen Störungen führten und aufgrund welcher persönlichen Lern- und Entwicklungsgeschichte diese Störungen zustande kommen konnten. Im Zusammenhang mit dem Bedingungsgefüge der gesundheitsschädigenden Risiken (Abb. 3) haben Sie sich bereits mit dieser Thematik beschäftigt.
Der nachfolgende Stressfragebogen mag Ihnen helfen, Ihre persönliche Situation weiter zu analysieren und das Bedingungsgefüge der gesundheitsschädigenden Risiken (vgl. Abb. 3 auf Seite 19) noch einmal neu auf Ihre Person zu beziehen.

Stressfragebogen

Kreuzen Sie bitte die für Sie zutreffenden Felder an:

		häufig	manchmal	nie
1.	Ich bin schnell ungeduldig	( ) 2	( ) 1	( ) 0
2.	Kollegen bezeichnen mich als ehrgeizig	( ) 2	( ) 2	( ) 0
3.	Ich versuche mehrere Dinge zur gleichen Zeit zu tun	( ) 2	( ) 2	( ) 0
4.	Ich muss mein Können anderen beweisen	( ) 2	( ) 0	( ) 0
5.	Ich bin leicht erregbar	( ) 2	( ) 1	( ) 0
6.	Ich fühle mich leicht in die Enge getrieben	( ) 2	( ) 1	( ) 0
7.	Ich kann schwer »nein« sagen	( ) 2	( ) 1	( ) 0
8.	Am Feierabend kann ich keine Ruhe finden	( ) 2	( ) 1	( ) 0
9.	Freunde sagen mir, dass ich zuviel arbeite	( ) 2	( ) 1	( ) 0
10.	Mein Lebensstandard ist mir wichtig	( ) 2	( ) 1	( ) 0
11.	Es ist mir wichtig, was andere von mir denken	( ) 2	( ) 1	( ) 0
12.	Vorwürfe verkrafte ich schwer	( ) 2	( ) 1	( ) 0
13.	In Gegenwart eines Vorgesetzten bin ich unsicher	( ) 2	( ) 1	( ) 0
14.	Ich habe Angst, Fehler zu machen	( ) 2	( ) 1	( ) 0
15.	Ich arbeite in Wechselschicht	( ) 2	( ) 2	( ) 0
16.	Ich bin geräuschempfindlich	( ) 2	( ) 1	( ) 0
17.	Mein Tatendrang ist schwer zu bremsen	( ) 2	( ) 1	( ) 0
18.	Ich fühle mich überlastet	( ) 2	( ) 2	( ) 0
19.	Ich fühle mich wie ausgebrannt	( ) 2	( ) 1	( ) 0
20.	Mein Lebensrhythmus ist gestört	( ) 2	( ) 1	( ) 0
21.	Über meine Gesundheit mache ich mir Sorgen	( ) 2	( ) 1	( ) 0
22.	Es fällt mir schwer, Ruhe zu genießen	( ) 2	( ) 1	( ) 0
23.	Familiäre Schwierigkeiten belasten mich	( ) 2	( ) 1	( ) 0
24.	Trennungserlebnisse belasten mich	( ) 2	( ) 1	( ) 0
25.	Folgende weitere Stresssituationen belasten mich:			
	....	( ) 2	( ) 1	( ) 0
	....	( ) 2	( ) 1	( ) 0

Auszählung
Addieren Sie die hinter Ihren Kreuzen stehenden Zahlen.

Bewertung

0-9 Punkte:
Mit Stresssituationen, die relativ selten bei Ihnen vorkommen, können Sie gut umgehen. Mit Ihren Mitmenschen und mit sich selbst haben Sie für sich zufriedenstellende Arrangements getroffen. Sie sind flexibel, können sich auf Ihre Mitmenschen und die Anforderungen des Alltags gut einstellen.

10-19 Punkte:
Sie sind verstärkt verspannungsgefährdet. Sie stehen zwar nicht unter Dauerstress, erleben aber immer wieder Überstresssituationen, die die notwendigen Entlastungs- und Entspannungszeiten zu kurz kommen lassen. Sie sind genügend flexibel, um Arrangements mit sich und den Mitmenschen zu treffen und der Entspannung etwas mehr Raum in Ihrem Leben zu geben.

20- 29 Punkte:
Ihr Überstress in den verschiedenen Lebensbereichen ist bereits so ausgeprägt, dass Gesundheitsstörungen psychovegetativer oder körperlicher Art sich bereits festgesetzt haben. Das Entspannungstraining kann Ihnen helfen, einen Teil des verkörperlichten Überstress wieder abzubauen. Davon abgesehen sollten Sie den Ursachen Ihres Überstress nachgehen, Änderungsansätze überlegen und in die Tat umsetzen. Auch hierbei kann Ihnen das Entspannungstraining nützlich sein, weil in relativer Gelassenheit die in den Aussagen des Stressfragebogens angesprochenen Themen leichter angegangen werden können.

30 und mehr Punkte:
Sie leben in dauerndem Überstress, Ihr Organismus befindet sich in einer ständigen Alarmsituation, chronische oder akute Gesundheitsstörungen machen Ihnen zu schaffen. Zu viele Lebensbereiche sind mit emotionalen Belastungen verbunden, so dass zumindest emotionale Entlastung dringend geboten ist. Sie sind wahrscheinlich schon so tief in der sich selbstverstärkenden Verspannungsspirale, dass psychotherapeutische Hilfe zur Auflösung des Stressstrudels anzuraten ist. Das Entspannungstraining

kann Ihnen eine gewisse Linderung und wichtige Hilfe bei der Aufarbeitung der problematischen Themen bringen.

Die wichtigsten Entspannungsziele:
Das erste körperliche Ziel des progressiven Entspannungstrainings ist die Muskelentspannung. Überall dort, wo sich muskuläre Verspannungen bemerkbar machen, können Sie die betroffenen Muskeln entspannen. Eine gut entspannte Muskelpartie wird als schwer wahrgenommen. Empfinden Sie ein Schweregefühl, haben Sie bereits die Muskelentspannung und die Ausbreitung der Entspannung in die Tiefe des Gewebes erreicht. Häufiger und früher als die Schwerewahrnehmung wird eine verstärkte Wärmeempfindung bzw. ein Prickeln oder Kribbeln beschrieben. Diese Empfindungen zeigen, dass die Durchblutung in den entsprechenden Blutgefäßen verbessert ist und die Entspannung der Blutadern stattfindet bzw. erreicht ist. In der Entspannung nimmt auch das Gefühl von innerer Ruhe und Gelassenheit zu. Diese Gefühle zeigen Ihnen, dass sich die Entspannung auch im vegetativ-nervlichen, im hormonellen Bereich und im ganzen Menschen auswirkt und ausbreitet.
Wenn alle genannten Körperbereiche entspannt sind, wird sich ein wohliges Ruhegefühl und zunehmende Müdigkeit bemerkbar machen. Auch diese Gefühle zeigen Ihnen, dass Sie tiefe Entspannung erreicht haben.
Ihr Ziel muss jedoch nicht immer die tiefe Entspannung sein. Oft reicht es aus, wenn die vorhandene Hochspannung auf ein mittleres Spannungsmaß zurückreguliert wird. Die Veränderung des jeweils vorhandenen Spannungsniveaus ist für einen Entspannungstrainierten später in jeder Situation möglich. Tiefe Entspannung ist natürlich nur bei guten Ausgangsbedingungen erreichbar. Wenn Sie Entspannungsübungen durchführen, sollten Sie sich über den realistischerweise erreichbaren Entspannungsgrad Klarheit verschaffen.
Wenn Sie ein gemütliches Wochenende verbringen, ist es möglich, in tiefe Entspannungsgefühle hineinzukommen. Sind Sie in einem Streitgespräch, und Sie möchten die Situation nicht verlassen, können Sie durch sekundenweise Einstellung auf bestimmte Entspannungsübungen das jeweilige Spannungsniveau etwas senken. Das Spannungsniveau können Sie von vorneherein geringer halten, wenn Sie vor dem Streitgespräch einige Entspannungsübungen durchführen. Das jeweilige Span-

nungsniveau senkt sich schneller ab, wenn Sie nach der Belastung einige Entspannungsübungen durchführen. Entspannungsübungen können also verschiedene Funktionen haben. Sie dienen zur

1. **Vor**beugung, um entspannter schwierige Situationen meistern zu können
2. Spannungsreduktion **in** einer Belastungssituation und
3. Entspannung **nach** einer Anspannungssituation.

Indikation und Kontraindikation

In der Wissenschaft bezeichnet man die Anwendungsfelder einer Methode als Indikationen oder Heilanzeigen. Bereiche, in denen eine Methode nicht angewendet werden soll, nennt man Kontraindikationen oder Gegenanzeigen. Die psychologischen und ärztlichen Fachverbände für Entspannungsverfahren haben in verschiedenen Konsensuskonferenzen unter Federführung der Psychologischen Fachgruppe Entspannungsverfahren in der Sektion Klinische Psychologie des BDP (www.Entspannungsver fahren.com) neben den hier berücksichtigten Durchführungsstandards die Indikationen und Kontraindikationen für das Progressive Entspannungstraining (Progressive Relaxation) festgelegt. Das Progressive Entspannungstraining soll bei den folgenden Störungen und Krankheiten dann nicht durchgeführt werden, 1. wenn die geistigen Möglichkeiten zur Durchführung der Übungen (z. B. die Anleitungen verstehen) nicht gegeben sind oder 2. wenn zu befürchten ist, dass das Störungsbild bzw. die Krankheit sich während des Trainings verschlechtern würde:

- Ablehnung des Verfahrens (- die sich nicht verändern lässt)
- Neigung zu Überanstrengung (die sich beim Training negativ bemerkbar macht)
- Verwirrtheitszustände (- die die Einstellung auf die Übungen verhindern)
- Psychosen (akute Schizophrenie, Wahnkrankheit, Manie, Delir)
- Muskelerkrankungen (akute Muskelspastik, Muskelentzündung)
- Neurologische Systemerkrankungen (die sich nach Muskelanspannungen verschlechtern).

Bei ausreichender geistiger Aufnahmekapazität können Fachleute ein dem Einzelfall angepasstes Vorgehen wählen, indem sie z. B. die Anspannung nur andeuten oder das Loslassen dosieren.
Grundsätzlich lassen sich Störungen und Erkrankungen positiv beeinflussen, an denen Muskeln, Nerven oder Kreislauf beteiligt sind.
Progressives Entspannungstraining ist in den folgenden Fällen indiziert. Es unterstützt die:

- Allgemeine Gesundheitsvorsorge
- Körperliche Entspannung
- Geistige Entspannung
- Seelische Entspannung
- Harmonisierung/Optimierung von vegetativen Funktionen
- Bereitstellung von Ressourcen (z. B. für die Immunabwehr)
- Regeneration bei und nach Erkrankungen.

Das sind mit Sicherheit lohnenswerte Ziele. Sie können so weit kommen, in jeder Situation Ihrem Entspannungsziel näher zu kommen, indem Sie kurze oder längere Entspannungsübungen durchführen. Die erreichbare Tiefe der Entspannung hängt von den jeweiligen Bedingungen ab. Je nach Ausgangssituation sollen Sie sich erreichbare Entspannungsziele setzen.
Neben der kurzfristigen Entspannung werden Sie langfristig feststellen, dass der hohe Spannungsgrad, den Sie von früher her kennen, nicht mehr zustande kommt. Selbst wenn Sie sich auf eine zu erwartende Anspannungssituation nicht entspannend vorbereiten konnten, wird das Spannungsniveau bei einem Trainierten nicht so stark ansteigen wie bei einem Untrainierten.
Da wir im deutschen sowohl für Spannung als auch für Überspannung/Überstress meist den englischen Begriff Stress undifferenziert verwenden, sollen die verschiedenen Stressarten kurz aufgeschlüsselt werden. Der kräftezehrende Überstress ist gesundheitlich besonders nachteilig.

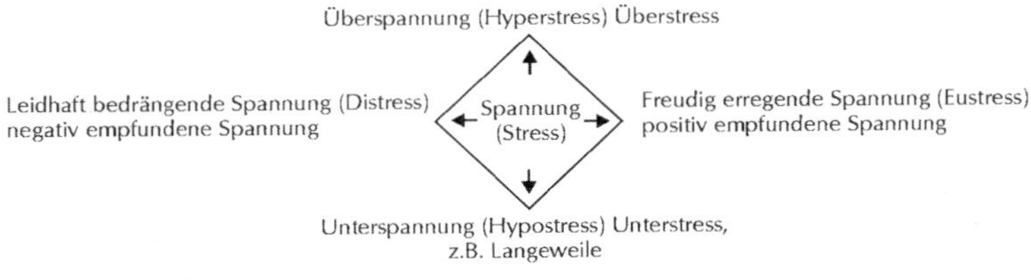

Die häufigste Mischform ist die negativ empfundene Überspannung. Wer das PE beherrscht, kann sowohl die quantitative (⇕), als auch die qualitative (↔) Stressausbreitung besser beeinflussen als Untrainierte.

Selbstgesteuerte Entspannung

Zur echten und tiefgreifenden Entspannung gehört die gezielte gesundheitsfördernde Selbststeuerung. Lediglich mechanisch durchgeführte Entspannungsübungen führen zu einem oberflächlichen Entspannungszustand. Zu Beginn des Entspannungstrainings sind mechanisch durchgeführte Entspannungsübungen wegen der gestörten Konzentrationsfähigkeit zu akzeptieren. Dabei soll es aber nicht bleiben. Selbstgesteuerte Entspannung heißt auch, die Entspannungsübungen dem individuellen Eigenrhythmus entsprechend frei einsetzen zu können. Ihr eigener Rhythmus wird sich im Laufe der Zeit von selbst herausbilden, wenn Sie sich nicht zwanghaft an Text oder Tonträger (vgl. S. 49) anklammern. Die Hilfsmittel können Ihnen in der Anfangszeit Ihres Trainings die Entspannung erleichtern. Auf Dauer sollen Sie jedoch unabhängig von Fremdsteuerung werden.
Selbststeuerung hat eine vertiefende Wirkung für das Entspannungstraining und eine gesunderhaltende Wirkung für den ganzen Menschen. Erinnern Sie sich an die Nachuntersuchung bei Herzinfarktpatienten: Von denjenigen, die keine gesundheitsbezogene Eigenaktivität und Selbststeuerung nach ihrem Herzinfarkt durchführten, erlitten 18% innerhalb von 3 Jahren einen 2. Infarkt; von der anderen Gruppe waren es 2%. Letztere Gruppe hatte neben dem Entspannungstraining auch den selbstverantwortlichen Umgang mit Konflikten und Problemen gelernt. Diese Klienten konnten nach selbständig vollzogenen Verhaltens- und Einstellungsänderungen die mit den Konflikten verbundenen Verspannungen stark verringern bzw. abbauen. Sie konnten in der Entspannung mehr inneren Abstand und mehr Souveränität gewinnen und sich damit den anstehenden Problemen leichter stellen.
Haben Sie schon einmal darüber nachgedacht, inwieweit Sie eigene Initiativen entwickeln, Ihr Leben und Ihre Gesundheit selbst in die Hand zu nehmen? Oder lassen Sie sich eher von äußeren Gegebenheiten beeinflussen? Der nachfolgende Fragebogen zur Eigenaktivität und Selbststeuerung kann Ihnen helfen, Ihre Selbststeuerungsfertigkeiten zu überprüfen. Die einzelnen Aussagen im Fragebogen können Ihnen Hinweise auf eventuell notwendige oder sinnvolle Veränderungen geben.

Fragebogen zur Eigenaktivität und Selbststeuerung

Kreuzen Sie bitte die für Sie zutreffenden Felder an:

		häufig	manchmal	nie
1.	Ich tue selbst etwas für meine Gesundheit	( ) 2	( ) 1	( ) 0
2.	Ich äußere in Gesprächen auch meine Gefühle	( ) 2	( ) 1	( ) 0
3.	Ich beschäftige mich mit einem Hobby	( ) 2	( ) 1	( ) 0
4.	In meiner Freizeit gehe ich aus	( ) 1	( ) 1	( ) 0
5.	Ich bin entschlussfreudig	( ) 2	( ) 1	( ) 0
6.	Ich treibe Sport	( ) 2	( ) 1	( ) 0
7.	Ich mache Entspannungsübungen	( ) 2	( ) 1	( ) 0
8.	Eingefahrene Verhaltensgewohnheiten ändere ich bei Bedarf	( ) 2	( ) 1	( ) 0
9.	Ich hebe die positiven Seiten des Lebens hervor	( ) 2	( ) 1	( ) 0
10.	Wenn ich kritisiert werde, vertrete ich meinen Standpunkt	( ) 1	( ) 1	( ) 0
11.	Wenn ich zu knappe Termine bekomme, sage ich, dass die Zeit nicht ausreicht	( ) 2	( ) 1	( ) 0
12.	Ich informiere mich über wichtige Lebensfragen	( ) 1	( ) 1	( ) 0
13.	Der Gedanke an den Tod ängstigt mich	( ) 0	( ) 1	( ) 2
14.	Einmal gefasste Meinungen kann ich schlecht wieder ändern	( ) 0	( ) 1	( ) 2
15.	Ich leide unter Zeitdruck	( ) 0	( ) 1	( ) 2
16.	Ich greife schnell zu Genussmitteln	( ) 0	( ) 1	( ) 2
17.	Ich leide unter Eifersucht	( ) 0	( ) 1	( ) 2
18.	Abends sitze ich länger als 1½ Std. vor dem Fernseher	( ) 0	( ) 1	( ) 2
19.	Ich habe Angst, im Alter allein zu sein	( ) 0	( ) 0	( ) 2
20.	Ich spreche über Probleme mit nahestehenden Personen	( ) 2	( ) 1	( ) 0

Auszählung
Addieren Sie die hinter Ihren Kreuzen stehenden Zahlen

Bewertung

0-12 Punkte:
Sie lassen sich stark von außen steuern und entwickeln wenig eigene Initiative. Fragen Sie sich, welche Einstellungen, Persönlichkeitszüge und welches Fehlverhalten Sie in Ihrer Selbststeuerung einschränken. Ziehen Sie daraus die notwendigen Schlüsse und treten Sie mehr in Kontakt mit Ihren Mitmenschen. Ihre hochgradige innere Spannung können Sie mit dem Entspannungstraining und mit körperlicher Aktivität verringern.

13 -19 Punkte:
Selbststeuerung und Eigenverantwortung sind Ihnen nicht fremd. Sie entwickeln Eigeninitiativen und übernehmen Selbstverantwortung, können diese Fertigkeiten jedoch noch erweitern. Emotionalen Druck, Ungünstige Verhaltensweisen oder Einstellungen können sie weiter abbauen. Ein geeigneter Weg hierzu ist Gefühle zu äußern und Probleme zu besprechen. Das Entspannungstraining bietet in diesen Zusammenhängen gute Unterstützung.

20-27 Punkte:
Sie haben aktive Selbstverantwortung und Selbststeuerung in den meisten Lebensbereichen übernommen. Sie gestalten überlegt Ihren Arbeitsalltag und erleben Ihre Freizeit sinnvoll. Die Themen Alter und Tod sind für Sie nicht bedrängend. Sie könnten sich noch fragen, ob die beiden letzten Themen für Sie eine gewisse neutrale Bedeutung gewonnen haben oder ob sie lediglich weggedrängt wurden. Sollte es Hinweise für eine Verdrängung geben, lesen Sie bitte den vorherigen Absatz.

28 und mehr Punkte:
Ihre Selbststeuerung ist ausgezeichnet. Sie können flexibel auf Belastungen reagieren. Eventuellen Problemen stellen Sie sich und äußern auch Mitmenschen gegenüber Ihre Gefühle. Sie haben ein gutes Realitätsgefühl, Selbstbewusstsein, Selbstvertrauen und Gemeinschaftsgefühl. (Überprüfen Sie bitte die im vorherigen Absatz genannte Möglichkeit einer Verdrängung.)

Sie haben die zu Ihrem Punktwert passende Bewertung gelesen und vielleicht schon die notwendigen Schlüsse gezogen. Sie sollten die Aussagen, bei denen Sie 0 Punkte erhalten haben, intensiv überdenken, selbstgesteuerte Alternativen überlegen und eigenaktiv in die Tat umsetzen. Auch bei den übrigen Aussagen können Sie überlegen, ob Sie der eigenverantwortlichen, gesundheitsfördernden Selbststeuerung mehr Raum geben wollen. Vielleicht fallen Ihnen auch noch andere Bereiche ein, in denen Sie Eigenaktivität und Selbststeuerung verstärken können.
Für die Vertiefung, Verarbeitung und Lösung der hier angesprochenen Themenkreise gebe ich Ihnen einige Literaturhinweise. Wie Sie wissen, gibt es viele Ratgeber, von denen wenige empfehlenswert sind. Bereits im Jahre 1709 war folgender Titel erschienen: »Von der Fürtrefflichkeit, Unterschied, Nutzen und Wirkungen des Rhein-Weins nebst einer Methode wie selbiger in allen Krankheiten zum kräftigsten Praeservativ, anstatt warmer Bäder und Sauerbrunnen zu gebrauchen sey.« Da bei diesem Titel die enthaltene Ironie spürbar ist, wird der Inhalt keine allzu negativen Auswirkungen haben.
Die lesenswerten Bücher der folgenden Autoren sollen aufmerksam und kritisch aufgenommen und nicht passiv konsumiert werden. Die Schriften haben die folgenden Schwerpunkte.
An den mündigen Patienten wenden sich die Taschenbücher von Helmut Brenner, Wayne Dyer, Werner Gross, Kurt Langbein, Norbert Messing und Josef Zehentbauer. (Die bibliografischen Angaben finden Sie im Anhang auf den Seiten 148-150.)
Der mündige Bürger und Mitmensch wird in den Büchern von Frederic Flach, Thomas Gordon, Horst-Eberhard Richter, Antoine de Saint-Exupery und Ken Wilber angesprochen.
Einen Einblick in psychotherapeutische Methoden geben die Bücher von Eugene Gendlin, Petra Halder, Thomas Harris, Gerd Hennenhofer, Alexander Lowen und Wilhelm Reich.
Spezialthemen zur Gesundheitsvorsorge und -nachsorge behandeln die Bücher von Helmut Brenner, Dietmar Ohm, Gerhard Leibold und Frederic Vester.
Existenzielle Themen und Sinnfragen des Lebens behandeln die Schriften von Knud Eike Buchmann, Erich Fromm, Verena Kast, Elisabeth Kübler-Ross, Rolf Merkle, Raymond Moody, und Martin Siems.
Die Hinweise auf weiterführende Literatur schließen mit zwei Zitaten von Anne Morrow Lindbergh (Muscheln in meiner Hand, dtv, München, 1980) : »Ich stelle fest, dass ich die Heuchelei in

meinen menschlichen Beziehungen ablege. Wie ausruhend das sein wird! ... Ich habe entdeckt, dass das Anstrengendste im Leben die Unaufrichtigkeit ist. Ihretwegen strengt uns das gesellschaftliche Leben so an; man trägt eine Maske. Ich habe meine Maske abgelegt. « (S. 29)

»Vielen Menschen gelingt es nie, über die Hochebene der vierziger Jahre hinauszugelangen. Die Wachstumsschmerzen, die meiner Ansicht nach jenen der früheren Jugend so ähnlich sind - Unzufriedenheit, Ruhelosigkeit, Zweifel, Verzweiflung, Sehnsucht - werden fälschlich als Zeichen des Verfalls gedeutet. In der Jugend missdeutet man diese Anzeichen nicht so häufig; man nimmt sie ganz richtig als Wachstumsschmerzen in Kauf. Man nimmt sie ernst, beobachtet sie und richtet sich nach ihnen. Man hat Angst. Natürlich. Wer fürchtet sich nicht vor dem absoluten Raum - dieser atemberaubenden Leere hinter einer offenen Tür? Aber trotz aller Furcht geht man in das anstoßende Zimmer. - Aber im beginnenden Alter deutet man aus der falschen Annahme, dass nun ein Verfall einsetzen muss, diese Lebenszeichen paradoxerweise als Anzeichen des nahenden Todes. Statt sich ihnen zu stellen, flieht man sie und flüchtet sich in Depressionen, Nervenzusammenbrüche, Trunk, Liebeleien oder sinn- und gedankenlose Überarbeitung. Nur nicht sich ihnen stellen und von ihnen lernen! Man versucht, die Wachstumsschmerzen zu heilen, sie auszutreiben, als seien sie Teufel, wo sie eigentlich Engel der Verkündigung sein könnten.« (S. 94)

Die angesprochenen ganzheitlichen Gesichtspunkte sind bei der Einübung und Anwendung des Entspannungstrainings hilfreich und daher beachtenswert.

Hinweise zum Progressiven Entspannungstraining

Das Progressive Entspannungstraining (PE) ist ein Verfahren, das bei den willkürlichen Muskeln ansetzt. Die An- und Entspannung dieser Muskeln führt zur Entspannung im ganzen Körper und bei ganzheitlicher Ausrichtung des Trainings zur Entspannung im ganzen Menschen.

Das Progressive Entspannungstraining, auch Progressive Relaxation (Edmund Jacobson) oder Tiefmuskel-Entspannungstraining (Helmut Brenner) genannt, basiert auf einem systematischen Entspannungstraining, welches Edmund Jacobson als »vorwärtsführende Entspannung« zu Beginn des 20. Jahrhunderts an der Harvard-Universität in Chicago entwickelte. Die erste Buchveröffentlichung stammt aus dem Jahre 1929: Progressive Relaxation, The University of Chicago Press, Chicago. Aktuelle Literatur stammt von Bernstein/Borkovec, Gröninger/Stade-Gröninger und Dietmar Ohm. Letzterer hat auch Anleitungen für Kinder herausgegeben, Elke Fuhrmann wendet sich mit Entspannungsübungen an kranke Kinder. In weiterentwickelter Form ist das Progressive Entspannungstraining eine wichtige Technik im Rahmen der Verhaltenstherapie.
Als eigenständige Verfahren wird die Progressive Relaxation immer bekannter und dürfte in absehbarer Zeit einen ähnlichen Bekanntheitsgrad wie das Autogene Training oder der Yoga haben. Das Progressive Entspannungstraining soll keine Konkurrenzmethode zum Autogenen Training oder zum Yoga sein. Es lässt sich gut mit anderen Entspannungsmethoden verbinden und kann das Erlernen dieser Methoden erleichtern.
Als eigenständiges Verfahren ist es aller Erfahrung nach leichter zu erlernen als das Autogene Training oder der Yoga, weil die willkürlichen Muskeln als Ausgangspunkt für die Gesamtentspannung gewählt werden. Hierbei handelt es sich um die Muskeln im Körper, die willkürlich, d. h. willentlich, bewusst, aktiv angespannt und entspannt werden können.
Ansatzpunkt ist also das Muskelsystem. Mit gezieltem An- und Entspannen in diesem Systems erreichen wir neben der intensiven Muskelentspannung auch nervliche und ganzheitliche Entspannung.

Dieses Entspannungstraining nutzt die Wahrnehmungsveränderungen bei körperlichen Zustandsveränderungen. Die Spannungen werden zunächst willkürlich verstärkt und dann gezielt gelöst. Wegen des verstärkten Kontrastes zwischen Anspannung und Entspannung kommen große Spannungsunterschiede und damit deutliche Wahrnehmungsveränderungen in Form von Wärme- und Schwereempfindungen zustande. Sollten Sie diese Veränderungen, z. B. nach der Anspannung der Hand zur Faust bzw. beim Loslassen nicht oder kaum spüren, dann haben Sie entweder die Faust nicht fest genug geballt oder nicht genügend gelockert. Oder Sie haben die Wahrnehmungsfähigkeit für positive Körperempfindungen verlernt. Im letzten Fall empfiehlt es sich, bei den einzelnen Übungen ganz besonders und vorrangig auf die Empfindungen zu achten, die sich im Wechsel von Spannung und Entspannung einstellen. Je größer der Kontrast zwischen Anspannung und Entspannung ist, um so intensiver sind die Empfindungen. Je kräftiger Sie also anspannen, um so deutlicher wird die Entspannungsempfindung sein.
Die Stärke der Anspannung sollte jedoch nicht so weit gehen, dass unangenehme Empfindungen oder gar Schmerzgefühle auftreten. Besonders im Schulterbereich, der bei vielen Menschen verspannt und verhärtet ist, ist zu Beginn des Trainings Zurückhaltung angezeigt. Haben Sie die Übungen einige Tage lang durchgeführt, werden Sie mit Freude die zunehmende Elastizität der Muskeln feststellen. Dann kann auch die Spannungsintensität erhöht werden, ohne dass unangenehme Empfindungen auftreten.
Zusätzlich zur körperlichen Entspannung erhöht sich mit diesen Übungen das seelische Wohlbefinden und die Leistungsfähigkeit steigt an. Allerdings sollten die Leistungsgesichtspunkte möglichst in den Hintergrund gestellt werden. Wenn nämlich versucht wird, leistungsehrgeizig Entspannung herbeizuführen, wird eher das Gegenteil, nämlich erhöhte Spannung hervorgerufen.

Wir wollen die Übungen aus einer möglichst **entspannten Grundhaltung** heraus beginnen. Mit **Körperhaltungen**, die eine entspannte Grundhaltung fördern, wollen wir uns nun beschäftigen.
Die Ausgangshaltung soll bereits vor Beginn der eigentlichen Übungen die Muskelentspannung einleiten (vgl. Abb. 10, Seite 52). Was die Bequemlichkeit betrifft gibt es natürlich individuelle Unterschiede: der eine wird eine vorgebeugte Haltung als op-

timal erleben, der andere findet es am günstigsten, wenn er den Kopf locker nach hinten anlegen kann. Probieren Sie aus, in welcher Haltung Sie möglichst wenig Muskeln in Anspannung festzuhalten brauchen.
Besonders bequem ist in dieser Hinsicht sicherlich die *Liegehaltung:* dabei liegen Sie am besten flach auf dem Rücken, die Arme liegen locker neben dem Körper. In dieser Haltung lässt sich am besten entspannen, weil in lockerer Liegehaltung keine muskuläre Abstützung des Körpers nötig ist.
Auch in *halbliegender Haltung* oder *ausbalancierter Sitzhaltung* sind kaum Muskelspannungen nötig, so dass auch diese Positionen zu den besonders entspannten Ausgangshaltungen gehören. Als Sitzmöbel empfehlen sich dauerhaft bequeme Polstersessel, aber auch Stühle und sogar Hocker.
Die Übungen können und sollen auch immer wieder in *unbequemeren Haltungen* durchgeführt werden, weil dies vermutlich die häufigsten Positionen sind, in denen Sie später das Gelernte konkret einsetzen möchten: Es ist zu erwarten, dass Sie in einer späteren Verspannungs- oder Ärgersituation zunächst stehen oder gar gehen und sich höchstens zwischendurch auf einen Stuhl oder Sessel setzen können. Entspannung wird später gerade in solchen Situationen sofort erforderlich sein; Sie können aber nur dann mit Entspannungseffekten rechnen, wenn Sie die Übungen vorher auch in unbequemeren Haltungen eintrainiert und bereits bei kleineren Ärgeranlässen gezielt erprobt haben. Wenn Sie das Training nur im Liegen erlernen, werden Sie es später auch nur im Liegen anwenden können. Aus den genannten Gründen sollen Sie sich als häufigste Übungshaltung eine bequeme Sitzhaltung auf dem von Ihnen am häufigsten benutzten Sitzmöbel auswählen.
In einem Sessel oder auf einem Stuhl sollten Sie sich mit dem Gesäß möglichst weit nach hinten setzen: dann steht die Wirbelsäule weitgehend gerade und ist von unnötigen Spannungen entlastet. Nehmen Sie dann eine aufrechte Oberkörperhaltung ein, so dass der Rücken Kontakt mit der Rückenlehne hat. Die Beine stehen senkrecht nebeneinander oder sind leicht ausgestreckt. Lassen Sie die Arme locker auf oder neben die Oberschenkel fallen. Lösen Sie jetzt die noch festgehaltene Muskelspannung in Ihrer Halsmuskulatur; dadurch sinkt der Kopf etwas nach vorn. Lassen Sie den Kopf so weit sinken, bis Sie keine Muskelspannungen mehr zum Hochhalten des Kopfes benötigen.

Abb. 8: Entspannte Haltung während der Übungen

Diese Haltung lässt sich durch Anlehnen des Kopfes an eine Kopfstütze abwandeln. Wählen Sie dazu einen Stuhl oder Sessel mit hochgezogener möglichst wenig gebogener Rückenlehne. Auch auf einem beliebigen Stuhl lässt sich diese Haltung einnehmen. Setzen Sie sich dazu mit dem Stuhl nahe an eine Wand, legen Sie sich eine Nackenrolle, ein Kissen oder etwas Ähnliches in den Nacken und lehnen Sie den Kopf an.
Wer von Wirbelsäulenbeschwerden geplagt wird, sollte eine der bisher erklärten Übungshaltungen einnehmen bzw. die Haltung so gestalten, dass die Beschwerden möglichst gering sind.
Bei der jetzt beschriebenen Sitzhaltung setzen Sie sich in die Mitte oder auf das vordere Drittel Ihres Stuhles oder Schemels und nehmen zunächst eine aufrechte Oberkörperhaltung ein. Die Beine stehen rechtwinklig oder sind ausgestreckt. Lassen Sie nun die Rückenspannungen los. Sie sacken dabei etwas in sich zusammen, Schultern und Kopf fallen nach vorn, die Arme blei-

ben auf den Oberschenkeln liegen oder hängen locker herunter. Erproben Sie jetzt einmal diese Haltung.

Wenn Sie nach den Übungen wieder frisch und munter sein wollen, führen Sie zum Abschluss der Übungen eine einigermaßen kräftige **Aktivierung der Muskeln** durch (vgl. Abb. 9). Ballen Sie dazu die Hände zu Fäusten und ziehen Sie die Arme ruckartig zum Körper hin. Schlagen Sie dann die Arme einmal oder mehrmals ruckartig vom Körper weg.

Öffnen Sie die Augen, falls sie geschlossen waren und atmen Sie einmal tief durch. Diese Muskelaktivierung hat auch einen erfrischenden Effekt.

Neben der Körperhaltung erleichtert auch eine entspannte innere Haltung und Einstellung die Trainingsfortschritte. Die gelassene innere Haltung kann nicht vorausgesetzt werden, sondern muss im Training erst erworben werden. Sie können jedoch die äußeren Gegebenheiten so gestalten, dass sie zu Ihrer inneren Ruhe beitragen. Sie können zu Übungszwecken einen Raum aufsuchen, in dem Sie nicht gestört werden. Wer keine andere

Abb. 9: Muskuläre Aktivierung zum Abschluss der Übung

Möglichkeit findet, weicht notfalls auf die Toilette aus. Wenn es die Situation erlaubt, können Sie beengende Kleidungsstücke lockern oder bequemere anziehen bzw. die Schuhe ausziehen oder den Verschluss lösen.

Sie haben sich sicher schon gefragt, welche **Übungshäufigkeit** beim Progressiven Entspannungstraining zu veranschlagen ist. Diese Frage ist für die Trainingsphase und die Anwendungsphase unterschiedlich zu beantworten. In der Trainingsphase, die bei täglichem Üben etwa 6 Wochen in Anspruch nimmt, soll mehrmals am Tag geübt werden. In der Anwendungsphase reicht es aus, wenn Sie das Trainingsprogramm 1 mal pro Woche durchführen und das Gelernte dann gezielt einsetzen, wenn Sie es brauchen. In der Trainingsphase sollten Sie täglich 1-2 der insgesamt 8 Übungsteile in einer möglichst ruhigen Atmosphäre durchführen und zusätzlich Kurzübungen bei weniger ruhigen Umgebungsbedingungen machen. Eine Wartesituation wie z. B. an einer Haltestelle oder an der Supermarktkasse eignet sich ausgezeichnet, um sich je nach der zur Verfügung stehenden Zeit ½ Minute, 1 Minute oder 2 Minuten auf ausgewählte Körperbereiche anspannend und entspannend einzustellen.

In der Trainingsphase kommt es dabei nicht darauf an, ob Sie Entspannungsempfindungen haben, sondern dass Sie sich in schwierigeren Situationen mit den Übungen beschäftigen. Wenn Sie nur in Ruhesituationen üben, wird Ihnen die spätere Übertragung auf angespannte Realsituationen zu schwer fallen.

Nach rund 3 Wochen regelmäßigem Üben können Sie so weit sein, dass Sie das Gelernte bereits mit Erfolg einzusetzen vermögen. Zu diesem Zeitpunkt können Sie Ihr Übungsprogramm mit dem Entspannungstraining für Fortgeschrittene ergänzen. Bei intensivem weiterem Üben werden Sie wiederum rund 3 Wochen benötigen, bis Sie diese differenzierte Technik einigermaßen beherrschen. Welche Wahrnehmungen Ihnen anzeigen, ob Sie das angestrebte Entspannungsziel erreicht haben, erfahren Sie jeweils nach den Erklärungen zu den Übungen.

Wenn Sie für die Übungen den vorgegebenen Übungstext verwenden, werden Sie für jeden Programmteil rund 6 Minuten benötigen. Sie können sich den Text auch auf eine Tonkassette sprechen und nach jedem Übungsteil ein ruhegetöntes Musikstück einspielen.

Der Autor hat entsprechende Tonträger besprochen und zwischen den einzelnen Übungsteilen geeignete Musikstücke eingespielt. Wer sich die Mühe der Eigenproduktion ersparen will oder einfach Anregungen sucht, der hat die Möglichkeit, sich einen Tonträger zu bestellen. Die CD TE mit den Anleitungen zum progressiven Entspannungstraining für Anfänger und Fortgeschrittene können Sie mittels Überweisung von 16 Euro an Helmut Brenner, Bad Salzuflen, Kontonummer 320668304 bei der Postbank Hannover, Bankleitzahl 25010030 beziehen. Eine Tonkassette TE 1 mit dem Entspannungstraining für Anfänger und TE2 für Fortgeschrittene können Sie auf dem gleichen Wege zum Preis von je 10 Euro bestellen. Bitte im Überweisungsformular in den Feldern zum »Verwendungszweck« unbedingt noch einmal ihre gesamte Adresse eintragen.

Weitere Informationen zu Entspannungsmedien finden Sie im Internet unter www.Entspannungsliteratur.de und unter www.Progressive-Relaxation.de

Wenn Sie für Ihre Übungen die oben genannte gesprochene Anleitung zur Hilfe nehmen, dauert das Grundprogramm mit seinen 4 Teilen einschließlich Musik rund 40 Minuten und das Fortgeschrittenenprogramm rund 35 Minuten.

Eine Tonanleitung ist zum Erlernen des hier vorgestellten Entspannungsprogramms keine Bedingung. Das Entspannungstraining können Sie auch mit Hilfe dieses Buches erlernen. Wenn Sie die Gelegenheit haben, einen Kursus mitzumachen, ist das einem Selbststudium mit Bestimmtheit vorzuziehen. Falls Sie zur Unterstützung des Übens eine Tonanleitung einsetzen, achten Sie darauf, dass Sie sich nicht durch ständige Benutzung davon abhängig machen. Sie können dem vorbeugen, indem Sie die Übungen in wenigstens der Hälfte der Fälle ohne Tonanleitung durchführen.

In der späteren Anwendungsphase können Sie das Gelernte frei nutzen. Je öfter Sie das Programm zu Übungszwecken durchführen, desto rascher prägen Sie sich die Übungen ein und um so gezielter können Sie das gelernte in Alltagssituationen einsetzen.

Progressives Entspannungstraining für Anfänger

Heutzutage sollte jeder ein Entspannungsverfahren beherrschen und regelmäßig praktizieren. Es gibt eine ganze Reihe empfehlenswerter Verfahren: Autogenes Training, Yoga, Funktionelle Entspannung, Musiktherapie, Progressives Entspannungstraining.
Einige dieser Entspannungsverfahren werden durch die Volkshochschulen oder sonstige Bildungseinrichtungen vermittelt, so dass jeder die Möglichkeit hat, sie zu erlernen. Auch mit Hilfe dieses Buches haben Sie die Möglichkeit, das Progressive Entspannungstraining zu erlernen. Zusätzlich zum Lesen und eigenen Üben ist es sicherlich sinnvoll, einen Kursus zu besuchen. Häufig werden auch Kurse zum Autogenen Training mit dem Tiefmuskel Entspannungstraining verbunden. Sie können dem Übungsleiter Fragen stellen oder mit ihm auftauchende Schwierigkeiten besprechen. Das Do-it-yourself-Verfahren ersetzt nicht das angenehme Gefühl, mit anderen, gleichgesinnten Menschen am gleichen Thema zu arbeiten und sich um ein gemeinsames Ziel zu bemühen. Wenn Sie diese Möglichkeit nicht haben, können Sie auch in Selbsthilfe das angestrebte Entspannungsziel erreichen.
Das Erlernen eines Entspannungsverfahrens ist wichtig, ersetzt allerdings nicht den Erwerb konstruktiven Konfliktlösungsverhaltens. Hierzu wurden im ersten Teil dieses Buches einige Ausführungen gemacht und Hinweise gegeben.
Mit konsequentem Training und möglicherweise zusätzlichen Konfliktbearbeitung sind Leiden und Beschwerden zu lindern oder abzubauen, die mit Fehlregulationen im Muskel-, Kreislauf- oder Nervensystem zusammenhängen. Als Beispiele seien genannt: Kopfschmerzen, Durchblutungsstörungen, Muskelver-

spannungen, Innere Unruhe, Schlafstörungen, Magenbeschwerden und Atemstörungen (vgl. Spannungsfragebogen S. 26).
Das progressive Entspannungstraining ist ein Verfahren, bei dem die willkürlichen Muskeln zum Ausgangspunkt für die Entspannung gewählt werden. Durch willkürliche Anspannung und nachfolgende Lockerung von bestimmten Muskelpartien kommt es wegen des provozierten Kontrastes zu sofortigen und intensiven Entspannungsempfindungen. Die Entspannung wird als Schwere-, Wärme-, Prickel-, Ruhe- oder Schläfrigkeitsgefühl wahrgenommen. Diese Empfindungen zeigen, dass sich nicht nur die Muskeln, sondern auch Blutgefäße und Nerven entspannen.
Eine Schwereempfindung wird spürbar, wenn eine intensive Muskelentspannung zustande kommt. Wärme und Prickeln werden spürbar, wenn Blutgefäße durch die Entspannung geweitet werden und die Durchblutung gefördert wird. Die innere Ruhe und Gelassenheit nimmt zu, wenn sich die Entspannung im Nervensystem ausbreitet. Schläfrigkeitsgefühl tritt auf, wenn die Gesamtentspannung tiefer wird.
Die hier genannten Empfindungen sind in allen Entspannungstechniken angestrebte Empfindungen, die in der progressiven Entspannung wegen des Kontrastvorgehens von muskulärer An- und Entspannung sofort oder nach wenigen Minuten auftreten. Bei allen anderen Entspannungsverfahren dauert dies wesentlich länger, weil dort die Entspannung auf autosuggestivem, konzentrativem oder meditativem Wege erlernt wird.
Das hier vorgestellte Entspannungsverfahren bietet einige weitere Vorteile. Es ist leicht vermittelbar und weitgehend durch Selbstanleitung erlernbar. Außerdem kann dieses Entspannungstraining fast jederzeit unter fast allen Bedingungen durchgeführt werden: Wenn Sie z. B. ein Gespräch führen, können Sie sich zwischendurch einmal kurz vergegenwärtigen, ob Sie (muskulär) angespannt sind und können diese Verspannungen dann lösen. Nach einigen Wochen regelmäßigen Übens können Sie durch kurze Selbstbeobachtung feststellen, ob Sie verspannt sind. Sie können sich dann sofort in die Anspannung einspüren, sie kurzfristig - etwa einige Sekunden lang - verstärken und dann die Anspannung von sich abfallen lassen. Mit diesem Vorgehen nehmen Sie die Verspannung im wahrsten Sinne des Wortes in den Griff und können sie anschließend leichter loslassen.

Das soeben Gesagte ist für Sie momentan noch Zukunftsmusik. Es geht zunächst um das Grundtraining; auf differenzierte Anwendungsgesichtspunkte kommen wir später zu sprechen.
Für Ihre ersten Übungen wählen Sie eine möglichst bequeme Ausgangshaltung (vgl. Abb. 10). Die Hände können neben dem Körper auf auf den Oberschenkeln liegen. Der Kopf kann weiter nach vorne sinken. Die Beine können auch ausgestreckt sein und die Füße etwas auseinander gestellt werden (vgl. auch Abb. 32 auf Seite 82).

Abb. 10: Bequeme Ausgangshaltung

In der ausgewählten Haltung führen Sie jeweils 1-2 der insgesamt 4 Übungsteile des Entspannungstrainings für Anfänger durch. Später können und sollen Sie die Übungen auch ohne Anleitungen, d. h. aus dem Gedächtnis mehrmals täglich praktizieren. Sie können dabei einzelne Übungen herausgreifen, die Sie 1 bis 2 Minuten lang durchführen.
Spannen Sie jeweils einigermaßen kräftig an, aber nur so stark an, dass keine unangenehmen Empfindungen auftreten. Falls das gezielte Anspannen von Muskelgruppen zu Schmerzempfindungen führen sollte, spannen Sie weniger intensiv an.
Falls nach Beendigung der Übungen unangenehme Empfindungen auftreten sollten, haben Sie entweder die muskuläre Aktivierung (vgl. Abb. 9, Seite 47) vernachlässigt, oder Sie haben zu schnell die Körperhaltung verändert. Falls Sie weiter ruhen möchten, braucht die Aktivierung natürlich nicht durchgeführt zu werden. Wenn evtl. auftretende Missempfindungen nicht auszuräumen sind, wenden Sie sich bitte an einen Fachmann, der Entspannungsverfahren lehrt.
Das Programm beginnt im ersten Teil mit der Entspannung der Hände, es folgt die Entspannung der Arme. Im zweiten Übungsabschnitt geht es weiter mit den Gesichtsmuskeln und den Schultern. Im dritten Übungsabschnitt geht es um die Entspannung des Leibes. Der vierte Übungsteil wendet sich den Beinen und abschließend der Gesamtperson zu. Danach beginnen Sie wieder mit der ersten Übung.
Bei der ersten Übung geht es um die Anspannung und nachfolgende Entspannung Ihrer am häufigsten benutzten Hand, also Ihrer Schreibhand. Da die rechte Hand meist die Schreihand ist, sprechen wir der Einfachheit halber hier meist von der rechten Hand. Wenn Sie Linkshänder sind, können Sie mit der linken Hand beginnen.
Ich bitte Sie, diese An- und Entspannung der Hand jetzt einmal durchzuführen: Ballen Sie Ihre rechte Hand jetzt zur Faust (vgl. Abb. 11). Drücken Sie einigermaßen kräftig zu und schauen Sie sich Ihre Faust und Ihre Finger an. Betrachten Sie die muskuläre Spannung und die farblichen Veränderungen der Faust und der Finger. An einigen Stellen wird es weiß - dort wurde das Blut aus den Adern herausgedrückt; an anderen Stellen wird es rot - dort staut sich das Blut. Spüren Sie sich jetzt zusätzlich in Ihre Hand hinein: Spüren Sie die Anspannung und die Härte der Faust. - Tasten Sie nun mit der anderen Hand, wie die geballte Faust sich anfühlt: Spüren Sie die Härte der Muskeln und die relative

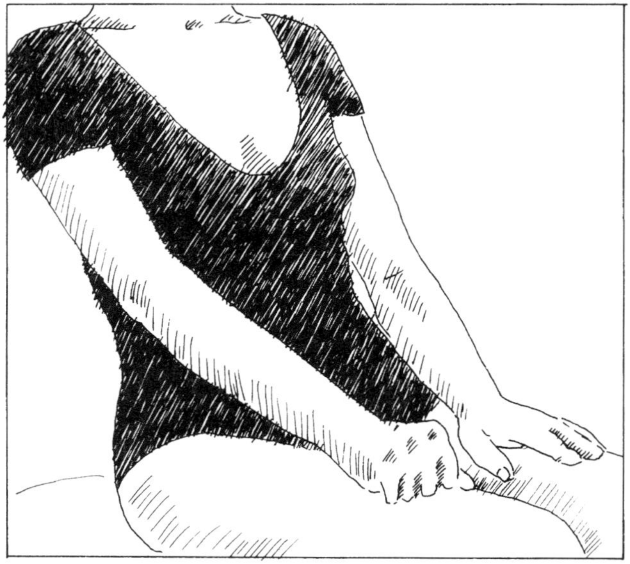

Abb. 11: Hand zur Faust ballen

Gefühllosigkeit der Faust. Lösen Sie nun die Anspannung, lassen Sie die Hand locker auf den Oberschenkel fallen und erleben Sie nun den Kontrast zur Spannung, spüren Sie die Entspannung, die wohlige Lockerung der Muskeln und das angenehme Strömen oder Kribbeln oder das leichte Wärmegefühl in der Hand. Tasten Sie nochmals mit der anderen Hand: Fühlen Sie die Weichheit und Geschmeidigkeit der Muskeln? Wenn ja, können Sie sich schon gut in positive Körperempfindungen hineinversetzen und den Anspannungs- und Entspannungs-Unterschied gut wahrnehmen.

Zusätzlich zum provozierten Spannungsunterschied wird die Entspannung mit dem Kontrastvorgehen insgesamt gefördert und weiter vertieft. Eine Hand, die vor dem Training kalt war, wird im Training warm werden und auch anschließend so lange warm bleiben, bis ein erneuter, länger andauernder Spannungsreiz wieder zur Verengung der Blutgefäße führt.

Bei den nachfolgenden Übungen soll die Dauer der Anspannung zwischen 5 und 10 Sekunden liegen. Die Entspannungsphase kann beliebig lang sein, soll aber wenigstens doppelt so lang sein wie die Anspannungsphase.

Sie können jetzt mit dem ersten Übungsteil beginnen. Wählen Sie zu Anfang einen möglichst ruhigen Raum und eine ruhige Umgebung. Machen Sie sich mit den Geräuschen vertraut, die Sie jetzt in näherer und weiterer Entfernung hören: diese Geräusche gehören zur Zeit mit zur Übungssituation; versuchen Sie nicht, die Geräusche wegzudrängen, sondern akzeptieren Sie sie als natürliche, zum täglichen Leben gehörende Geräuschkulisse.
Sagen Sie sich zu Anfang den Satz: *Ich beginne jetzt mit meinem Entspannungstraining,* und stellen Sie sich auf Ihren Körper, speziell auf Ihre rechte Hand ein und spüren Sie Ihren Körper und Ihre Hand. Sie können auch mit der Einstellung auf das kurze Entspannungssignal *ruhig* bzw. *entspannt* oder mit der Einstellung auf ein ruhegetöntes Bild beginnen.
Die folgenden Übungsanleitungen, die Sie in der ersten Übungsphase lesen oder hören und sogleich in die Tat umsetzen sollen, sind der besseren Identifizierbarkeit willen kursiv gedruckt. Drei Punkte im Text bezeichnen die Anspannungs- bzw. Entspannungsphasen. Die Anspannung soll etwa 7 Sekunden dauern, die Entspannung wenigstens die doppelte Zeit. Die hervorgerufenen Empfindungen sollen stets angenehm sein.

1. Übungsteil: Entspannung der Arme

Progressives Entspannungstraining: Entspannung der Arme

Nehmen Sie jetzt ein möglichst bequeme Haltung ein – lockern Sie die Muskelspannungen in Armen und Beinen. Entspannen Sie sich, so gut es Ihnen möglich ist ...
Ballen Sie jetzt Ihre rechte Hand zu einer Faust (siehe Abb. 11). Verstärken Sie langsam aber sehr stetig den Druck. Die Faust wird härter. Fühlen Sie die Spannung in Ihrer rechten Hand, in Ihrem Unterarm. ... Und nun entspannen Sie. Lassen Sie die Finger Ihrer rechten Hand locker und erleben Sie das angenehme Gefühl. Lassen sie alle Spannung los und spüren Sie, wie die Entspannung sich in Ihrem Arm und im übrigen Körper ausbreitet ... Nun machen Sie das gleiche mit Ihrer linken Hand. Ballen Sie die linke Hand zur Faust, während der restliche Körper entspannt bleibt. Ballen Sie die Faust fester und fühlen Sie den Druck. ... Und nun entspannen Sie. Spüren und genießen Sie

den Unterschied. ... Nun ballen Sie beide Hände zu Fäusten. Verstärken Sie den Druck. Die Finger werden hart, die Unterarme sind fest gespannt. Spüren Sie den Druck. ... Und nun entspannen Sie. Lassen Ihre Finger locker und fühlen Sie die Entspannung. Fahren Sie fort mit der Entspannung Ihrer Hände und Arme. ... Nun heben Sie Ihre Unterarme und ziehen Sie die Arme näher zum Körper hin (siehe Abb. 12).

Abb.12 Unterarme zum Körper hin ziehen, Bizeps anspannen

Spannen Sie die Muskeln in den Armen, verstärken Sie den Druck und achten Sie auf die Spannungsgefühle. ... Nun lassen Sie Ihre Arme wieder locker, entspannen Sie und erleben Sie den Unterschied. Lassen Sie die Entspannung sich weiter ausbreiten. ... Noch einmal: Heben Sie Ihre Unterarme, ziehen Sie die Arme zum Körper und spannen Sie die Muskeln. Halten Sie die Spannung fest and erleben Sie den Druck. ... Lösen Sie die Anspannung, indem Sie die Arme locker fallen lassen. Entspannen Sie. ...
Systematische Entspannung ist aktive Gesundheitsvorsorge. Achten Sie jedes mal auf Ihre Empfindungen, wenn Sie anspannen oder entspannen. ...

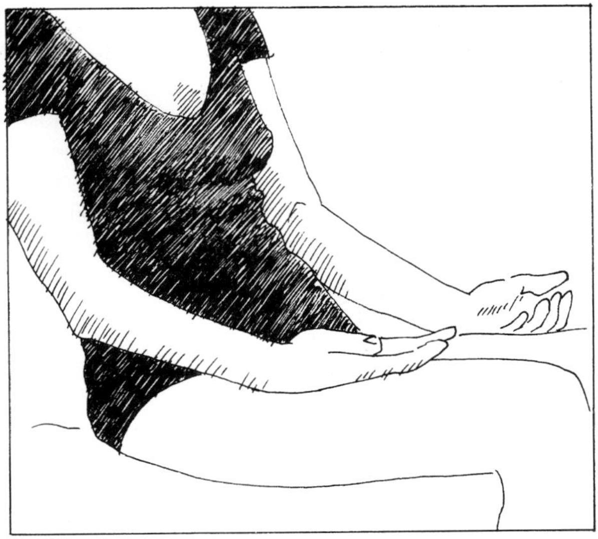

Abb. 13: Hände und Unterarme nach unten drücken

Nun drehen Sie Ihre Hände herum, so dass die Handinnenflächen nach oben zeigen, und drücken Ihre Hände und Arme nach unten gegen die Unterlage (siehe Abb. 13), möglichst fest, so dass Sie die Spannung in den Muskeln spüren ... Und nun entspannen Sie. Ihre Arme sind wieder in einer angenehmen Lage. Erlauben Sie Ihren Armen, sich weiter zu entspannen. ...
Drehen Sie die Hände noch einmal herum, drücken Sie Hände und Arme fest gegen die Unterlage, so dass Sie die Spannung in den Muskeln fühlen. Nehmen Sie diese Spannung wahr. ... Und nun entspannen Sie wieder. ...
Stellen Sie sich jetzt auf wohltuende Entspannung in den Armen ein, auf Ruhe ohne jegliche Spannung. ... Selbst wenn Sie glauben, Ihre Arme seien nun völlig entspannt, versuchen Sie, noch ein wenig weiter zu lockern. Die Arme werden schwerer und wärmer. Sie entspannen sich weiter und weiter. ...
Wenn Sie die Übung beenden möchten, nehmen Sie das Schweregefühl zurück, indem Sie die Arme ruckartig anziehen und weg strecken.

Beim ruckartigen Anziehen werden die Arme in den Ellenbogen zügig angewinkelt, ruckartig zum Körper hin gezogen und die Fäuste geballt. Es folgt das ruckartige Ausstrecken der Arme (vgl.

Abb. 9, Seite 47). Diese Aktivierung bringt ein angenehmes Frischegefühl und neue Spannkraft für die Muskeln; Nerven und Kreislauf bleiben weitgehend entspannt.
Es ist vorteilhaft, die Übungen evtl. durch ruhige Musik unterstützt, nachempfindend zu wiederholen. Anschließend fertigen Sie ein stichwortartiges Protokoll an, in das Sie Übungsdauer und Empfindungen eintragen. Ein solches Protokoll könnte folgendermaßen aussehen (Abb. 14):

		Übungs-minuten	Empfindungen
Montag	Morgens	2	müde, habe keine rechte Lust, Aktivierung tut gut
	Mittags	5	stark abgelenkt durch Geräusche, Gedanken, Bilder
	Abends	20	zunächst Augenflimmern, dann Beruhigung
Dienstag	Morgens	1	innere Unruhe, Gedanken an bevorstehende Unterredung
	Mittags	5	Verkrampfung löst sich etwas
	Abends	5; 10; 3	zuerst unkonzentriert, dann gelöst; Wärmegefühl
Mittwoch	Morgens	2	mein Gefühl und mein Körper werden freier
	Mittags	5	wohliges Lebensgefühl, erfrischt
	Abends	10; 10	intensives Ruhegefühl, Leichtigkeit
Donnerstag	Morgens		
	Mittags		
	Abends		
	Morgens		

Abb. 14: Übungsprotokoll

Ein Formblatt für Ihre eigenen Protokolle finden Sie auf Seite 97. Sollte Sie das Ausfüllen eines vorgegebenen Formulars zu sehr einengen, benutzen Sie einfach ein eigenes Protokollschema. Dies hat den Vorteil, dass Sie Ihre Erlebnisverläufe ausführlicher und individueller schildern können. Hierzu ein Beispiel, das ein Trainierender eine Woche nach Trainingsbeginn verfasst hat.

„Bevor ich mit den Übungen begann, musste ich mir einen inneren Ruck geben. Ich war ziemlich erregt und unruhig und war nicht in der richtigen Stimmung, mit den Übungen zu beginnen. Ich redete mir ein, es bringe ja doch nichts. Bei den ersten Übungen war ich auch stark abgelenkt; alles Mögliche und Unmögliche ging mir durch den Kopf. – Ich machte jedoch weiter. Nach einigen Minuten stellte ich fest, dass ich nicht mehr so stark abschweifte. Ich achtete jetzt mehr auf die Kontraste zwischen Anspannung und Entspannung und spürte das Tiefergehen der Entspannung. Als Musik begann, spürte ich meinen Körper, wie er ruhig pulsierte und angenehme Wärme sich ausgebreitet hatte. Ich fühlte mich ausgesprochen wohl. Auch nach dem Wiederanspannen der Muskeln fühlte ich mich noch sehr wohlig ruhig und bedeutend entspannter, als vor Übungsbeginn." (Frau N. aus Köln)

Es ist auch zweckmäßig, die Körperempfindungen, die sich während der Übungen bemerkbar machen, stichwortartig zu notieren. Hier folgen einige Beispiele aus den Notizen von Trainierenden:

- Anspannung im Kopf lässt nach.
- Herzklopfen wird bewusster und deutlicher.
- Die chronische Schulterverspannung spüre ich sehr deutlich.
- Dehnung in den Armen und Gefühl von Schwerelosigkeit.
- Gelegentliches Muskelzucken in den Armen.
- Ruhige und gleichmäßige Atmung; Bedürfnis durchzuatmen.

Die hier genannten körperlichen Wahrnehmungen sind bezüglich des Trainingsfortschritts als positiv einzustufen. Die Bedeutungen der einzelnen Empfindungen werden in den Absätzen zur Entspannungswahrnehmung und Erfolgskontrolle besprochen.

Sie können jetzt den ersten Übungsteil wiederholen und die nachfolgenden Selbsterfahrungs- und Selbsterforschungsübungen mehrmals durchführen.

Damit Sie sich die Übrungsreihenfolge leichter merken können, beginnen SIe mit Händen und Armen und durchwandern den Körper in den nächsten Übungsteilen von oben nach unten.

Selbsterforschungsübungen:

Ballen Sie jetzt Ihre rechte Hand wieder zur Faust. Spüren, sehen und fühlen Sie die Anspannung, die Härte. Betrachten Sie die farblichen Veränderungen; vergleichen Sie Aussehen und Gefühl der rechten Hand mit der linken Hand. Berühren Sie die rechte Hand; spüren und sehen Sie den Unterschied zwischen beiden Händen, ... lockern Sie die Anspannung und spüren Sie diesen Unterschied. Aus der geballten Faust mit ihrem möglichen aggressiven Erlebnishintergrund wird eine leicht geöffnete Hand, eine dem Mitmenschen zugewandte Hand.
Führen Sie die gleiche Aktion für die linke Hand und danach für beide Hände durch und wenden Sie sich dann Ihrem rechten Arm zu. ... Beugen Sie Ihren rechten Ellenbogen, spannen Sie den Bizepsmuskel; die Faust wird wie von selbst mit geballt. Spüren und tasten Sie die Spannung und die Härte des rechten Armes. ... Lassen Sie los und spüren Sie die Lockerung sowie das leichte Prickeln bei der Entspannung ... Erleben Sie anschließend die unterschiedlichen Empfindungen in beiden Armen ... Machen Sie nun das Gleiche mit ihrem linken Arm und mit beiden Armen.
Drehen Sie jetzt Ihre Hände herum und drücken Sie die Hände fest nach unten gegen die Unterlage. Spüren Sie die Spannung in den Händen, in den Unterarmen, in den Oberarmen. ... Lösen Sie die Anspannung und beobachten Sie den Unterschied, der bei der Entspannung zustande kommt. Lassen Sie die Entspannung in Ihren Händen, Ihren Armen und schließlich im ganzen Körper sich ausbreiten und genießen dieses angenehme Gefühl.
Wenn Sie möchten, können Sie Ihr Entspannungstraining jetzt mit dem 2. Übungsteil fortsetzen.

2. Übungsteil: Entspannung von Gesicht und Schultern

Entspannung von Gesicht und Schultern

Beginnen Sie oder bleiben Sie in Ihrer ruhigen und bequemen Haltung. Alle Ihre Muskeln sind schwer und locker. ...
Heben Sie nun Ihre Augenbrauen hoch und runzeln Sie die Stirn (siehe Abb. 15).

Abb. 15: Augenbrauen heben und Stirn runzeln

Abb. 16: Augen fest schließen

Abb. 17: Zähne aufeinanderbeißen

Verstärken Sie das Spannungsgefühl ... und lösen Sie die Anspannung. Entspannen Sie Ihre Augenbrauen, Ihre Kopfhaut. Lassen Sie die Stirn locker. Erleben Sie, wie die Haut Ihrer Stirn immer glatter wird, je mehr Sie sich entspannen. ...
Nun schließen Sie Ihre Augen (siehe Abb. 16). *Drücken Sie Ihre Augen fest zu, jedoch nicht so stark, dass der Druck unangenehm oder schmerzhaft wird. Spüren Sie den Druck ... und lösen Sie die Spannung. Die Augen bleiben leicht geschlossen. Erleben Sie die Lockerung. ...*
Beißen Sie nun Ihre Zähne fest aufeinander und spannen Sie Ihren Kiefer (siehe Abb. 17). *Konzentrieren Sie sich auf die Spannung in Ihrem Unterkiefer. ... Lockern Sie Ihren Kiefer nun wieder und genießen Sie diese Entspannung. ...*
Spannen Sie jetzt Ihre Lippen an (siehe Abb. 18). *Drücken Sie Ihre Lippen gegeneinander und spüren Sie die Spannung. ... Nun lösen Sie die Spannung wieder. Spüren Sie, wie sich die Entspannung in Ihrem Gesicht ausbreitet. Ihre Lippen, Kiefer, Kehle, Augen und Stirn lockern sich. Die Entspannung breitet sich weiter aus. ...*
Wenden Sie nun die Aufmerksamkeit Ihren Nackenmuskeln zu. Drücken Sie Ihren Kopf etwas nach hinten (Abb. 19) *und achten Sie auf die Spannung in Ihrem Nacken. – Lassen Sie den Kopf in*

Abb. 18: Lippen gegeneinanderdrücken

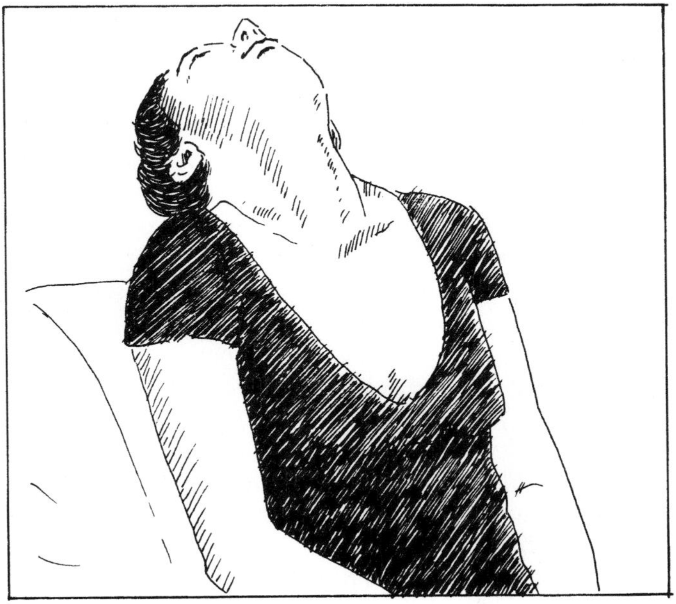

Abb. 19: Kopf nach hinten drücken

Abb. 20: Kopf auf die rechte Seite drücken

die Ausgangsposition zurückkerhen und drücken Sie nun den Kopf auf die rechte Seite (Abb. 20) *und erleben Sie die veränderte Spannung. - Nun drücken Sie den Kopf zur linken Seite und spüren Sie, wie die Spannungsgefühle wechseln. ... Nun lassen Sie den Kopf in eine angenehme Lage zurückkehren. Spüren Sie die wohlige Gelöstheit. ... Drücken Sie den Kopf noch einmal nach hinten und nehmen Sie die angespannten Empfindungen wahr. – Lockern Sie sich und drücken Sie den Kopf auf die rechte Seite und erleben Sie diese Spannung. - Bringen Sie den Kopf auf die linke Seite und erleben Sie, wie die Spannung wechselt. ... Und nun entspannen Sie wieder. Der Kopf kehrt in die Ausgangslage zurück. Spüren Sie die Entlastung. ...*
Drücken Sie jetzt Ihr Kinn gegen die Brust (Abb. 21), *erleben Sie das leichte Engegefühl. ... Nun lösen Sie die Anspannung und spüren die Befreiung. Lassen Sie die Entspannung weitergehen. ... Nun ziehen Sie Ihre Schulter hoch, ganz fest* (Abb. 22). *Halten Sie diese Spannung. ... Lassen Sie Ihre Schulter wieder locker fallen und erleben Sie die Lösung. Nacken und Schultern entspannen sich. ... Heben Sie Ihre Schultern noch einmal, spüren Sie die Spannung. Drehen Sie Ihre Schultern jetzt nach vorne* (Abb. 23) *und erleben Sie die Spannungsänderung. - Drücken*

Abb. 21: Kinn gegen die Brust drücken

Abb. 22: Schultern hochziehen

Abb. 23: Schultern nach vorne drehen

Sie Ihre Schultern jetzt nach hinten. Beachten Sie die Spannung in Ihren Schultern und in Ihren oberen Rückenmuskeln. ... Lassen Sie Ihre Schultern wieder locker fallen und entspannen Sie. ...

Lassen Sie die Entspannung sich weit in Ihren Schultern ausbreiten, bis in die Rückenmuskeln hinein. Entspannen Sie Ihren Nacken und Ihr Gesicht und erleben Sie, wie tiefe Entspannung sich weiter ausbreitet. Sie geht weiter und weiter. ...

Wenn Sie die Übung beenden möchten, nehmen Sie das Schweregefühl zurück, indem Sie die Arme ruckartig anziehen und weg strecken. Sie fühlen sich gelassen, erfrischt und angenehm ruhig.

Je intensiver Sie sich zum Abschluss der Übung strecken und recken, desto frischer werden Sie nach dem Entspannungstraining sein. Die Aktivierung soll möglichst kräftig sein, jedoch nicht zu ruckartig stattfinden, damit keine Schmerzempfindungen auftreten. Die Aktivierung braucht nicht durchgeführt zu werden, wenn Sie weiter ruhen möchten.

In der ersten Zeit Ihres Trainings ist es günstig, die Übungen vor der muskulären Abschlussaktivierung noch einmal nachzuvollziehen. Diese Selbsterforschungsübungen können auch von einem auf Sie beruhigend wirkenden Musikstück begleitet werden. Sie können sich fragen: Welche Übungen habe ich soeben durchgeführt und welche Empfindungen hatte ich dabei? Wie habe ich die Anspannung der Augenbrauen und der Stirn empfunden? Habe ich das leichte Vibrieren oder das gewisse Härtegefühl über den Augen gespürt? Habe ich die gekräuselte und gerunzelte Stirn gespürt?

Selbsterforschungsübungen:

Heben Sie jetzt Ihre Augenbrauen noch einmal, runzeln Sie Ihre Stirn wie im Ärger und tasten Sie mit der Hand über Ihre Augenbrauen und Ihre Stirn. Fühlen Sie genau die Härte über den Augenbrauen und die Falten auf der Stirn. ... Lassen Sie nun die Spannung los, spüren Sie den Unterschied und tasten Sie noch einmal über Ihre Stirn und die Augenbrauen. Sie sind wieder glatter, weicher und lockerer. ... Vielleicht spüren Sie auch nach der Anspannung noch Falten im Stirnbereich. Sind es Ärgerfalten, Zornesfalten, Sorgenfalten oder Gramfalten? Sofern Sie die Frage beantworten können, wissen Sie auch, mit welchem Thema Sie sich recht bald zu beschäftigen haben. Wenn Ihnen die Antwort noch nicht klar ist, können Sie in der nächsten Zeit darauf achten, bei welchen Gelegenheiten Ihre Augenbrauen hochgezogen werden bzw. Ihre Stirn sich in Falten legt. Auch so können Sie die kritischen Themen finden.
Die Anspannungen, die wir im Progressiven Entspannungstraining bewusst durchführen, werden in vielen Situationen vorbewusst bzw. unbewusst durchgeführt. Der gravierende Unterschied ist folgender: Die gezielte Anspannung wird zur Unterstützung der stets nachfolgenden Entspannung durchgeführt; die unbewusste Anspannung ohne nachfolgende Entspannung führt zur Steigerung der Spannung. Bei dem Ausdruck »Die Zähne zusammenbeißen« wird dieser Zusammenhang recht deutlich. Damit ist gemeint, dass jemand angestrengt und »verbissen« durchhalten will oder soll. Beim Progressiven Entspannungstraining kommt es uns auf das bewusste Spüren der Anspannung und auf die nachfolgende gezielte Entspannung an. Jede willkürliche Anspannung, die Sie sich bewusst machen und bewusst durchführen, können Sie anschließend leichter lösen. Also beißen Sie noch einmal die Zähne gegeneinander und spannen Sie

Ihre Kiefer! Spüren und fühlen Sie den Druck und die Härte Ihrer Kiefer. Das Hartwerden der Kieferpartie können Sie auch von außen fühlen. .... Lösen Sie die Kieferspannungen und spüren Sie die Entlastung ....
Wie bei allen Übungen sollen durch die Kraft der Anspannung keine unangenehmen Gefühle oder gar Schmerzen entstehen. Personen mit Kieferanomalien oder Zahnersatz sollten nicht mit voller Kraft zubeißen. Die Augenpartie sollen Kontaktlinsenträger und Personen mit Augenkrankheiten weniger stark anspannen. Kontaktlinsenträger könnten die Linsen auch für die Zeit der Übung herausnehmen; dies ist aber keine Bedingung. Das gleiche gilt für Brillenträger: nur wenn die Brille bei den Übungen stört, sollte sie abgenommen werden.
Drücken Sie jetzt noch einmal fest Ihre Augen zu. Spüren und fühlen Sie den Druck auf den Augen, die Ausbreitung der Spannung im Kopf und vielleicht ein leichtes Flackern vor den Augen. Fühlen Sie, wie die Augen zusammengekniffen sind und die Augenbrauen etwas nach unten gezogen werden. ... Bei der anschließenden Loslassen spüren Sie den Kontrast. ... Die willkürlich hervorgerufene Druckempfindung im Augen- und Schädelbereich soll nach Beendigung der knapp zehn Sekunden dauernden Anspannung sofort nachlassen und bei Geübten in wohltuende Entspannung übergehen. Sollte ein unangenehmes Gefühl zurückbleiben, achten Sie in Zukunft darauf, nicht so intensiv anzuspannen.
Pressen Sie jetzt Ihre Lippen gegeneinander. Das Zusammenpressen kann recht kräftig geschehen. Drücken Sie die Lippen gegeneinander. Spüren Sie wieder die Spannung und fühlen Sie, wie Mund und Lippen schmaler werden. ... Beenden Sie die Verspannung. In der Entspannung spüren Sie, wie die Lippen wieder voller und weicher werden.
Drücken Sie jetzt Ihren Kopf etwas nach hinten und nehmen Sie die Spannung im Nackenschulterbereich wahr. ... Wer häufig Schmerzen im Nacken und in den Schultern spürt, dem wird auch jetzt das Zurückdrücken des Kopfes unangenehm sein. Wenn der Schmerz nicht stärker als gewöhnlich wird, können Sie die Kraft der Anspannung beibehalten. Sollte Ihnen das Gefühl zu unangenehm sein, spannen Sie etwas weniger stark an oder verzichten Sie darauf. Tasten Sie sich jeweils an die Ihnen verträgliche Anspannungsstärke heran. Mit den Kopfbewegungen zur Seite verfahren Sie entsprechend.

In angemessener Form durchgeführt, ergibt sich nach einigen Tagen ein positiver Trainingseffekt. Die unangenehmen Empfindungen lassen dann nach, die Beweglichkeit erhöht sich, und die Stärke der Anspannung kann langsam erhöht werden. Es genügt, die Anspannung deutlich zu spüren, um das Kontrastgefühl wahrzunehmen zu können. Das eigentlich Wichtige ist nicht die Anspannung, sondern die Entspannung.
Wenn Sie das Kinn auf die Brust drücken und das leichte Enge- oder Beklemmungsgefühl erleben, soll dies der Unterstützung der anschließenden Entspannung dienen. Wenn Sie das Engegefühl bewusst hervorrufen, können Sie es quasi in den Griff nehmen ... und anschließend gezielt loslassen. Diejenigen unter Ihnen, die manchmal oder häufig unter Enge- oder Beklemmungsgefühlen, etwa Atembeklemmung, Zuschnüren des Halses und Angst leiden, wissen den Vorteil der bewussten Regulierung von Beklemmungsgefühlen mit Hilfe der Entspannungsübungen sicher zu schätzen. Bei Spannungen im Hals ist auch der Stimmausdruck behindert. Dadurch wird das Sprechen, Rufen, Schreien und Weinen behindert. Wenn sich die Verspannungen in die Brust und in die Schultern hinein ausweiten, wird vielleicht Weinen unterdrückt oder mitmenschliche Zuwendung gesucht. In der psychotherapeutischen Methode der Bioenergetik (A. Lowen) werden mit Hilfe von »Körperarbeit« die gestauten seelischen Energien freigesetzt. In der Charakteranalyse (W. Reich) werden die Verspannungen, die sich als Charakterpanzer zeigen, von blockierten Energien in freie Energien zurückgewandelt. Das Progressive Entspannungstraining kann zur Linderung solcher Spannungen beitragen, jedoch nicht zu ihrer vollständigen Beseitigung. Zur vollständigen Beseitigung von Verspannungen ist die zusätzliche emotionale Bearbeitung der Ursachen notwendig.
Heben Sie jetzt Ihre Schultern noch einmal hoch und spüren Sie die Spannung. Ein Muskelziehen kann spürbar werden, wenn die Schultern hochgeschoben werden. Die Muskeln werden härter. Ein leichtes Beengungsgefühl kann auftreten ... Lösen Sie die Spannung wieder und spüren Sie den Kontrast. ...
Der Atem kann während der Anspannung im Schulterbereich angehalten werden. Wenn dies kurzfristig geschieht, ist nichts dagegen einzuwenden. Im Übrigen sollte die Atmung, wie auch bei den anderen Übungen, möglichst kontinuierlich weiterfließen. Beobachten Sie die Atmung deshalb möglichst wenig. Ein vorübergehendes Stocken der Atmung ist jedenfalls günstiger als

ein gestörter Atemrhythmus, der durch willkürliches Atmen zustande kommt.
Die Übungsteile »Entspannung der Arme« und »Entspannung von Gesicht und Schultern« nehmen je 5 bis 6 Minuten in Anspruch. Mit Zwischeneinspielung von ruhegetönter Musik kommen noch 5 bis 10 Minuten hinzu, so dass die ersten beiden Übungsteile einen Trainingsaufwand von 10 bis 20 Minuten erfordern. Wenn Sie die Übungen ohne Anleitung durchführen, sind Sie in der Zeitwahl ganz frei.
Wir wenden uns jetzt dem nächsten Übungsteil zu. Die Leibübungen gelingen in einer vornüber gebeugten Haltung weniger gut; deshalb ist eine angelehnte Haltung (vgl. Abb. 10) oder die Liegehaltung günstiger.

3. Übungsteil: Entspannung des Leibes

Entspannung des Leibes

Nehmen Sie eine bequeme Haltung ein. Lösen Sie sich so gut es Ihnen möglich. Ihr Atem fließt frei und leicht. - Spüren Sie, wie mit dem Ausatmen die Entspannung zunimmt. ...
Nun atmen Sie tief ein, so dass Bauch und Brust sich wölben (siehe Abb. 24) *und halten Sie Ihren Atem an ... und atmen Sie aus, lassen Sie Ihren Atem frei ausströmen.*
Lassen Sie Ihren Bauch und Brustkorb locker; die Luft strömt automatisch aus. Während der Atem ausströmt, merken Sie, wie Sie sich weiter entspannen. Genießen Sie die Entspannung. ... Nun noch einmal: Atmen Sie tief ein, während der übrige Körper so entspannt wie möglich ist, halten Sie den Atem an ... und lassen Sie die Luft wieder ausströmen. Erleben Sie die Erleichterung. Sie atmen ruhig und gelöst. Die Entspannung breitet sich aus über Ihren Bauch, Ihre Brust, Ihren Rücken. Genießen Sie die Entspannung. ...
Nun spannen Sie Ihre Bauchmuskeln, indem Sie Ihren Bauch nach außen drücken (siehe Abb. 25). *Machen Sie die Bauchmuskeln ganz fest und hart ... und entspannen Sie. Lassen Sie die Muskeln locker und spüren Sie den wohltuenden Unterschied von Anspannung und Entspannung. ... Noch einmal: Drücken und spannen Sie Ihre Bauchmuskeln nach außen. Halten Sie die Spannung fest ... und nun entspannen Sie wieder. Er-*

Abb. 24: Tief einatmen

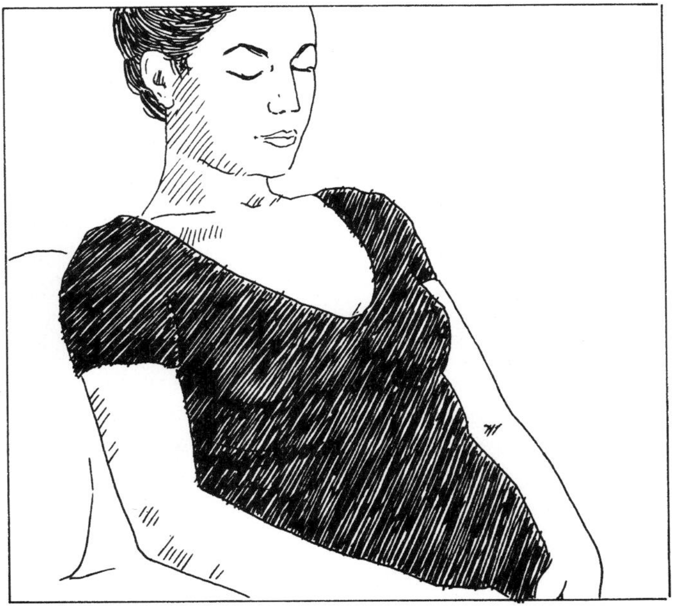

Abb. 25: Bauch nach außen drücken

Abb. 26: Bauch nach innen ziehen

leben Sie die Erholung und das Wohlbefinden bei der Entspannung. ...

Nun ziehen Sie Ihren Bauch nach innen (siehe Abb. 26). *Spannen Sie die Muskeln fest an und fühlen Sie diesen Druck. ... Nun entspannen Sie. Lassen Sie die Anspannung des Bauches wieder los. Fahren Sie fort, normal und leicht zu atmen und spüren Sie das angenehm gelöste Gefühl in Ihrem Leib. ... Nun ziehen Sie Ihren Bauch nochmals nach innen. Halten Sie die Spannung fest. - Drücken Sie jetzt Ihren Bauch nach außen. Halten und spüren Sie auch diese Spannung ... und entspannen Sie Ihre Bauchmuskeln. Die Spannung verschwindet und die Entspannung nimmt wieder zu. Jedes mal, wenn Sie ausatmen, spüren Sie die zunehmende Entspannung in Ihrem Brustkorb und in Ihrem Bauch; überlassen Sie sich dem Gefühl der Entspannung. Alle Spannungen in Ihrem Körper lockern sich weiter. ...*

Konzentrieren Sie sich jetzt auf Ihren Rücken. Bringen Sie Ihr Kreuz nach oben (siehe Abb. 27). *Stützen Sie sich dabei mit den Schultern an der Rückenlehne ab. Verstärken Sie die Spannung in Ihrem Rücken und in Ihren Schultermuskeln ... und nehmen Sie wieder eine bequeme Haltung ein. Lockern Sie sich. ... Nun*

Abb. 27: Kreuz nach oben wölben

heben Sie Ihren Rücken noch einmal. Achten Sie auf die Spannungsgefühle. Lassen Sie den übrigen Körper so entspannt wie möglich; versuchen Sie, die Spannung nur auf Ihren Rücken zu konzentrieren ... und lockern Sie sich wieder. Spüren Sie den Unterschied von Anspannung und Entspannung. Lassen Sie das angenehme Gefühl sich ausbreiten. In Ihren Schultern, Ihren Armen und Ihrem Gesicht nimmt die Entspannung zu. Sie entspannen sich weiter und weiter. ...

Sie können sich jetzt zur weiteren Vertiefung und Wiederholung der soeben durchgeführten Entspannung ein ruhegetöntes Musikstück einspielen oder zwischenzeitlich aktivieren.

Selbsterforschungsübungen:

Lenken Sie Ihr Augenmerk wieder auf Ihren Atem. Spüren Sie den ruhigen Fluss, das langsame auf und ab Ihres Atems. Führen Sie den Atemrhythmus nicht willkürlich, sondern lassen Sie sich von Ihrem Atemrhythmus tragen, schwingen Sie mit. Dank der vorher durchgeführten Entspannungsübungen hat sich auch die Atmung beruhigt. Sie können die ruhig fließende rhythmische Atmung nun gut wahrnehmen. Verbinden Sie Ihren Atemrhythmus mit dem Bild einer sanften Brandung oder mit dem Bild eines Kornfeldes, durch das ein leichter Windhauch weht. Diese bildhafte Unterstützung kann bei der Regulierung der Atmung helfen.

Die einzige willkürliche Beeinflussung der Atmung sollen Sie jetzt durchführen. Atmen Sie tief ein, spüren Sie, wie Brustkorb und Bauch sich wölben und praller werden. Halten Sie nach 3-5 Sekunden den Atem an und spüren Sie den Druck ... lassen Sie nach weiteren 3-5 Sekunden den Atem wieder frei ausströmen. Das Ausatmen können Sie mit dem Ausdruck oder der Vorstellung »frei« begleiten. Spüren Sie die Lockerung und das Freiheitsgefühl bei gelöster Atmung. ... Nur im Rahmen der Atemübung ist willkürliches Einatmen und Atemanhalten akzeptabel. Willkürliche und gepresste Atmung ist nämlich für den Organismus dann ungünstig, wenn eine solche Atmung längere Zeit andauert und keine gezielte Entspannung folgt. Der Vorteil der hier durchgeführten Atemübung liegt im intensiven Erleben der Atementspannung, die durch den provozierten Kontrast verstärkt wird.

Diese Übung lässt sich bei Atembeklemmung gut einsetzen. Bei Beklemmungsgefühlen können Sie nämlich die vorhandene Spannung im Brustbereich und in der Atmung kurzfristig willkürlich mit vollziehen oder verstärken. Bei diesem Vorgehen bekommen Sie die Verspannung der Atemmuskulatur willkürlich »in den Griff« und können anschließend leichter loslassen. Denn alles, was Sie »im Griff« haben, können Sie wieder loslassen. Wenn Sie von Angst und Beklemmung überfallen werden und nichts zur Lösung beitragen, fühlen Sie sich ohnmächtig; wenn Sie sich den Angstthemen stellen und sie bearbeiten, trifft das Gegenteil zu, weil Sie handlungsfähig bleiben.

Eine ehemalige Patientin, die schon lange unter Asthma litt, formulierte ihre Erfahrungen mit dem Entspannungstraining und insbesondere mit der Atemübung folgendermaßen: »Mit den Atembeschwerden komme ich jetzt besser zurecht, ein Asthmaanfall bringt mich nicht mehr in Panik; vor allem nachts ist mir das Tiefmuskel-Entspannungstraining eine große Hilfe. Seit ich TE praktiziere, nehme ich keine Beruhigungstabletten mehr.« (Frau L. aus Eschwege.)

Die Hauptrolle bei der Entstehung von Asthma spielen sowohl ungenügend verarbeitete Erlebnisse, als auch Allergene, das sind Stoffe, auf die der Körper unter bestimmten Bedingungen unangemessen reagiert. Zur vollständigen Beseitigung von Asthma gehört die Aufarbeitung des verdrängten auslösenden Erlebnisses, das an ein bestimmtes Allergen gekoppelt wurde. Wenn die Kopplung von auslösendem Erlebnis und Allergen erst wenige Jahre besteht, ist die Aussicht, Asthma durch innere Bewältigung des meist zugrundeliegenden Trennungserlebnisses (Trennungsschmerz, Trennungsangst) zu beseitigen, recht groß. Wenn die allergische Komponente sich im Laufe der Jahre verselbständigt hat, kann psychotherapeutisch zwar keine Heilung mehr, jedoch Linderung erreicht werden.
Anhand eines Beispiels möchte ich versuchen, Ihnen die hier angesprochenen Zusammenhänge weiter zu verdeutlichen. Ein Asthmapatient berichtet von seinem ersten Asthmaanfall vor rund 30 Jahren: »Als achtjähriger Junge hatte ich nachts im Bett meinen ersten Asthmaanfall. Man hat festgestellt, daß ich gegen bestimmte Bettfüllungen allergisch bin.« - Nach den Ereignissen des damals vorausgegangenen Tages befragt, berichtete er nach einigem Nachdenken: »Das war ein Wintertag, ein Sonntag, ich hatte mit meinen Eltern eine Schneewanderung gemacht. « - Nach einer Pause stürzte es aus ihm heraus: »Plötzlich war ich ganz allein im Schnee, weit um mich herum war nur weißer Schnee, die Eltern waren nicht zu sehen; ich schrie aus Leibeskräften, die Luft blieb mir weg, ich wurde immer schwächer vor lauter Schreien und Luftnot. Wie ich gefunden wurde und wie ich nach Hause gekommen bin, weiß ich nicht mehr.«
Dieses Erlebnis wurde emotional abgedrängt und in der Nacht wieder aktualisiert, als er vom weißen Überbett träumte, das sich auf seinen Hals schob und ihm die Luft abzudrücken drohte. Der Junge war fortan gegen Daunenüberbetten allergisch. Vor diesem Ereignis reagierte er auf die gleichen Bettfedern nicht allergisch. Das Erlebnis wurde verdrängt und das Allergen weitgehend gemieden. Psychologisch gesehen erscheint es leichter zu sein, ein Allergen in Schach zu halten als sich mit einem traumatischen Erlebnis auseinander zu setzen. Dieser Fehlschluss wird mit asthmatischen Anfällen teuer bezahlt. Da das Asthma schon seit vielen Jahren bestand, konnte es durch die Analyse und Aufarbeitung der Entstehungsbedingungen nicht aufgelöst, jedoch gelindert werden. Angst und Beklemmungsgefühle sind wesentlich weniger und schwächer geworden.

Nicht immer sind die Auslösesituationen im nachhinein so eindeutig aufzuzeigen. Meistens handelt es sich um länger schwelende Trennungsängste, die verdrängt werden und schließlich im ersten Asthmaanfall auf der Körperebene zum Ausbruch kommen.
Leiden Sie unter Atemstörungen, sollten Sie sich mit den hier bestehenden psychosomatischen Zusammenhängen noch intensiver befassen. Hierbei kann Ihnen das Kapitel »Atmung« im Buch über Autogenes Training von Helmut Brenner helfen.
Lenken Sie Ihre Aufmerksamkeit jetzt auf Ihre Bauchmuskeln. Drücken Sie Ihren Bauch nach außen, spüren Sie, wie er dicker, praller, fester und härter wird. Halten Sie die Spannung einige Sekunden lang fest. Spüren Sie die Härte der Bauchmuskeln und lassen Sie wieder los. Der Atem kann bei der Bauchübung ruhig weiter fließen. Sollten Sie merken, dass Sie Ihren Atem anhalten, können Sie ihn entweder ruhig weiterfließen lassen oder bis zum Loslassen der Bauchspannung angehalten lassen. Auch hier gilt wie bei den anderen Übungen: den Atem möglichst wenig beachten, damit möglichst wenige Störungen des Atemrhythmus zustande kommen.
Nun ziehen Sie Ihren Bauch nach innen. Stellen Sie sich vor, jemand wollte Ihnen einen Magenschlag versetzen; Sie reagieren darauf mit Einziehen des Bauches. Der eingezogene Bauch fühlt sich fest und hart wie ein Brett an. Spüren Sie Ihren Bauch während der Anspannung und vergleichen Sie das Gefühl mit dem bei der nachfolgenden Entspannung.
Die letzte Übung des 3. Teils widmet sich dem Strecken und Hochwölben des Kreuzes. Sie legen dabei am besten die Schultern zurück auf die Rückenlehne, drücken die Schultern nach hinten und den Rücken nach oben, ohne ein ausgeprägtes Hohlkreuz zu machen. Spüren Sie die Spannung und das Ziehen im Kreuz. Überprüfen Sie, ob andere Körperteile, etwa Arme oder Beine mit in Anspannung geraten sind und lockern Sie diese Spannungen, bevor Sie die Rücken- und Kreuzspannung auflösen. Erleben Sie jeweils den Kontrast.
Wie bei den Schulterübungen können auch hier anfangs Ziehen oder sonstige unangenehme Empfindungen auftreten. Sollte das der Fall sein, ist das früher beschriebene zu beachten.
Im Leibbereich macht sich während der ersten Übungen in seltenen Fällen ein Druck, ein Ziehen oder ein Kribbeln bemerkbar. Solche Empfindungen können auftreten, wenn Operationen in diesem Bereich durchgeführt worden sind. Kribbeln zeigt in sol-

chen Fällen eine Mehrdurchblutung im Operationsbereich an, Ziehen weist auf die Narbe hin und Druckschmerz kann »Erinnerungsschmerz.« bedeuten. Wenn der Narbenschmerz an einen Unfall bzw. an eine Operation erinnern will, dann liegt die Vermutung nahe, dass das zugrundeliegende Erlebnis noch nicht genügend aufgearbeitet ist und die unangenehmen Empfindungen ins Körperliche abgedrängt worden sind. In diesem Zusammenhang spricht man auch von »Erinnerungsfähigkeit des Gewebes«. Das Gewebe scheint abgedrängtes Erleben als Druckgefühl speichern zu können. Da jedoch eine Trennung von Erlebniserinnerung und Druckgefühl stattgefunden hat, kann der Zusammenhang bei auftretendem Druckgefühl nicht wahrgenommen werden. Wenn Betroffene sich den möglichen Zusammenhang klarmachen und sich die abgedrängten schmerzbesetzten auslösenden Erlebnisse wieder bewusst machen, verschwinden die Druckempfindungen innerhalb weniger Tage. Sollten Druckempfindungen nach 2-3 Tagen weiter während der Übungen auftreten, ist eine Untersuchung und eine dem Ergebnis entsprechende Therapie anzuraten.
Bei einer ärztlichen Untersuchung sollen auch die möglichen emotionalen Hintergründe mit in Betracht gezogen werden. Welchen »Leidensweg« ein verbissener und verkrampfter Patient im Rahmen der nur-medizinischen Ursachendiagnostik ging, um die Ursache seiner Schulterverkrampfung zu klären, zeigt folgendes Beispiel: Herr Z., 44 Jahre, litt unter Schmerzen in der rechten Schulter und im rechten Arm. Da der Blutdruck und ein blutchemischer Wert erhöht waren, wurden die Nieren als Ursache in Betracht gezogen und diverse Untersuchungen durchgeführt. Der Chirurg erklärte dem Patienten, dass eine Nierenoperation nicht in Betracht käme, seine Nieren seien gesund. Wahrscheinlich hätte er aber eine Gefäßarteriosklerose. Der Patient begab sich in stationäre Behandlung. Diagnose: Essentielle Hypertonie. Der Patient glaubte zu unrecht, mit dieser Diagnose wäre die Arterienverkalkung bestätigt. Er wollte aber nicht zum alten Eisen gehören und begann ein forciertes Lauftraining. Nach einem halben Jahr läuferischer Überforderung erlitt er einen Herzanfall, was ihn total aus der Bahn warf.
Erinnern Sie sich an den Ausgangspunkt: die Schmerzen in der rechten Schulter? Die Schmerzen stellten sich bei ihm insbesondere nach emotionalen Belastungssituationen ein. Emotional belastend war für ihn bereits das Autofahren. Er krallte sich in solchen Situationen mit der rechten Hand in das Polster des Sitzes

und lenkte mit der linken Hand. Im Beruf versteckte er in Spannungssituationen die verkrampften Hände unter dem Tisch oder hinter dem Rücken. - Bei diesem Mann hätte bereits eine Situationsdiagnostik ausgereicht, um den richtigen Behandlungsweg zu zeigen. Soviel zu dieser sicherlich außergewöhnlichen Krankheitsgeschichte.
Dieses Beispiel kann zeigen, dass die Ursachen von Störungen oft in unserem Verhalten zu suchen sind. Bluthochdruck oder die Veränderung biochemischer Werte sind meist nicht die Ursachen für weitere Körperstörungen wie Kopfschmerz, Herzinfarkt, oder Magengeschwür. Natürlich kann eine Hypertonie zusätzliche Krankheitsfolgen haben; die Ursachenanalyse müsste allerdings noch einen Schritt weiter zurückgehen und nach den Ursachen der Hypertonie fragen. (Vgl. auch Abb. 3, S. 19)

4. Übungsteil: Entspannung der Beine und der Gesamtperson

Entspannung der Beine und der Gesamtperson

Bleiben Sie entspannt und genießen Sie die innere Ruhe. ...
Strecken Sie jetzt Ihre Beine nach vorne und spannen Sie Ihr Gesäß und Ihre Oberschenkel an (siehe Abb. 28). *Verstärken Sie die Anspannung ... und entspannen Sie. Erleben Sie den Unterschied von Spannung und Entspannung. ... Spannen Sie Ihr Gesäß und die Muskeln Ihrer Schenkel noch einmal, halten Sie die Spannung fest. ... Entspannen Sie nun Ihr Gesäß und Ihre Beinmuskeln. Lassen Sie die Entspannung sich ausbreiten. ... Drükken Sie nun Ihre Füße und Zehen nach unten, weg vom Gesicht, so dass Ihre Wadenmuskulatur gespannt wird* (siehe Abb. 29). *Spüren Sie die Spannung ... und entspannen Sie Ihre Füße und Waden. Erleben Sie die Auflösung der Verspannung. ...*
Ziehen Sie die Beine jetzt näher an den Körper heran stellen Sie die Fußsohlen ganz auf den Boden. Heben Sie nun die Fersen. (siehe Abb. 30) *Verstärken Sie die Anspannung. ... Lassen Sie die Fersen und Beine wieder locker. Spüren Sie die Lösung der Spannung in den Beinen. ...*
Beugen Sie diesmal Ihre Füße in Richtung auf Ihr Gesicht. (siehe Abb. 31) *Bringen Ihre Zehen weit nach oben und spüren Sie die Spannung in Ihren Schienbeinen. ... Entspannen Sie wieder.*

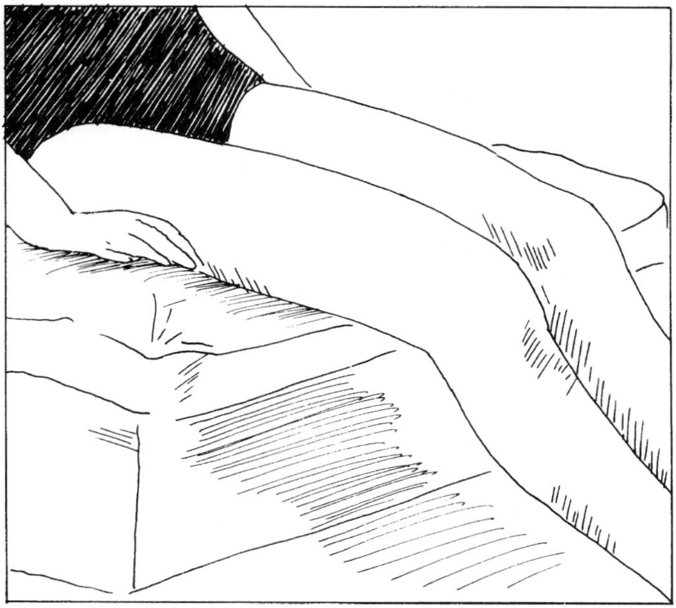

Abb. 28: Beine ausstrecken

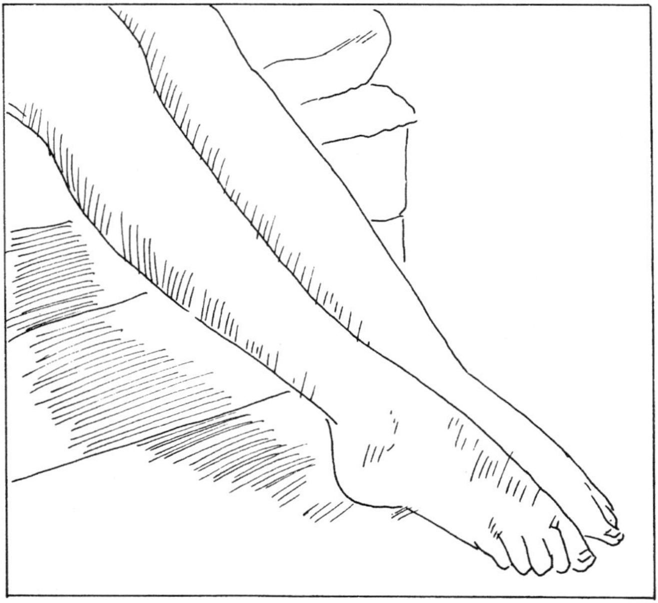

Abb. 29: Zehen nach unten drücken

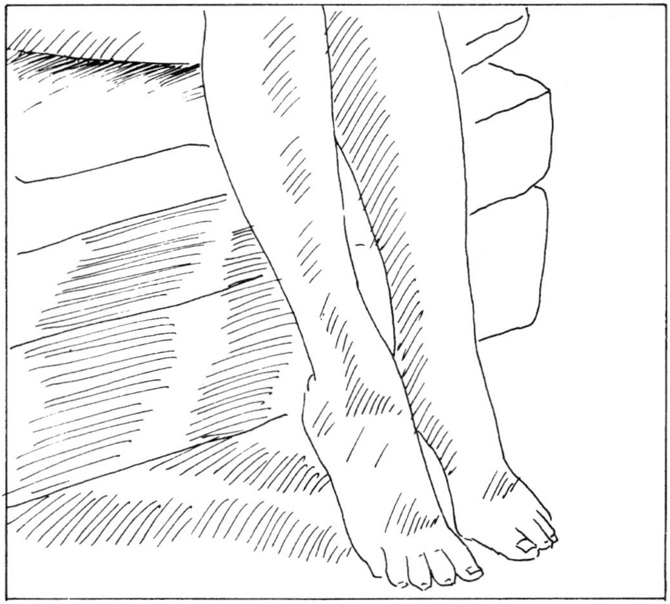

Abb. 30: Fersen heben

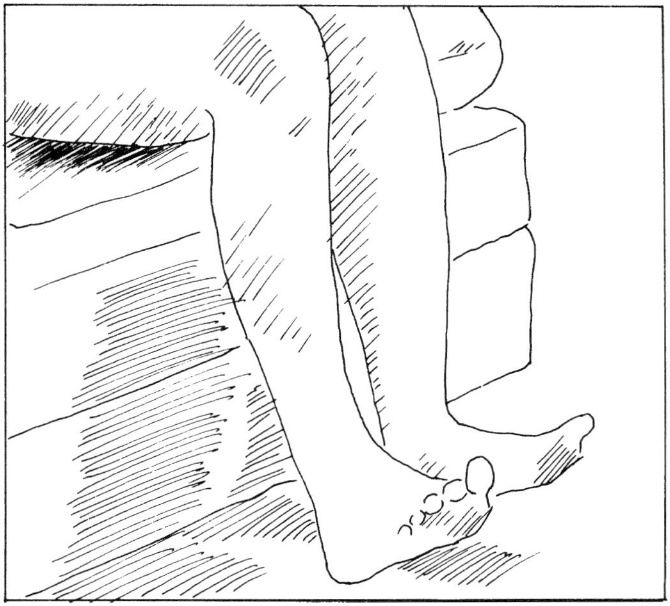

Abb. 31: Zehen heben

Stellen Sie sich jetzt auf tiefe Entspannung ein. Entspannen Sie Ihre Füße, - Ihre Waden, - Ihre Schienbeine, – Ihre Knie, – die gesamten Beinmuskeln, - das Gesäß, - die Hüften. Erleben Sie die Schwere Ihres Unterkörpers, während sich die Entspannung weiter ausbreitet. ... Dehnen Sie die Entspannung auch auf Ihren Bauch aus – und auf Ihr Kreuz. Lassen Sie sich mehr und mehr gehen. Fühlen Sie die Entspannung. Sie breitet sich weiter aus über Ihren Rücken, – Ihre Brust, – Ihre Schultern und Arme – bis in die Fingerspitzen hinein.
Entspannen Sie vollkommen. ... Lösen Sie allen Spannungen in Ihrer Kehle. Entspannen Sie Ihren Nacken und Ihre Kiefer und Ihre übrigen Gesichtsmuskeln. Ihr Atem fließt frei und ruhig. Ihre locker geschlossenen Augen vertiefen die Entspannung noch weiter. ... Genießen Sie Ihre Ruhe und Versunkenheit. ...
In völliger Entspannung widerstrebt es Ihnen, auch nur einen Muskel Ihres Körpers zu bewegen. Denken Sie an die große Mühe, die es Ihnen machen würde, wenn Sie Ihren Arm heben sollten. ... Prüfen Sie, ob bei diesem Gedanken irgendeine Spannung in Ihren Schultern oder Ihren Arm entstanden ist. ... Nun beschließen Sie, Ihren Arm nicht zu heben. ... Sie bleiben weiterhin ruhig und tief entspannt. ... (siehe Abb. 32)

Bevor Sie aktivieren, können Sie sich wieder ein ruhegetöntes Musikstück einspielen und/oder die Übungen nochmals in Gedanken durchgehen.

Wenn Sie die Übung beenden möchten, nehmen Sie das Schweregefühl zurück, indem Sie die Arme ruckartig anziehen und weg strecken. Sie fühlen sich gelassen, erfrischt und angenehm ruhig.

Selbsterforschungsübungen:

Spüren Sie Ihr Gesäß und Ihre Oberschenkel und spannen Sie diese fest an; nehmen Sie die Anspannung wahr. Spüren Sie, wie die Gesäßbacken zusammengedrückt werden, wie der Körper dadurch minimal angehoben wird, die Schenkel härter werden. ... Lösen Sie die Spannung wieder und erleben Sie die Resultate im Gesäß, in den Beinen und genießen Sie die bequemere, selbstsichere Sitzhaltung. ...

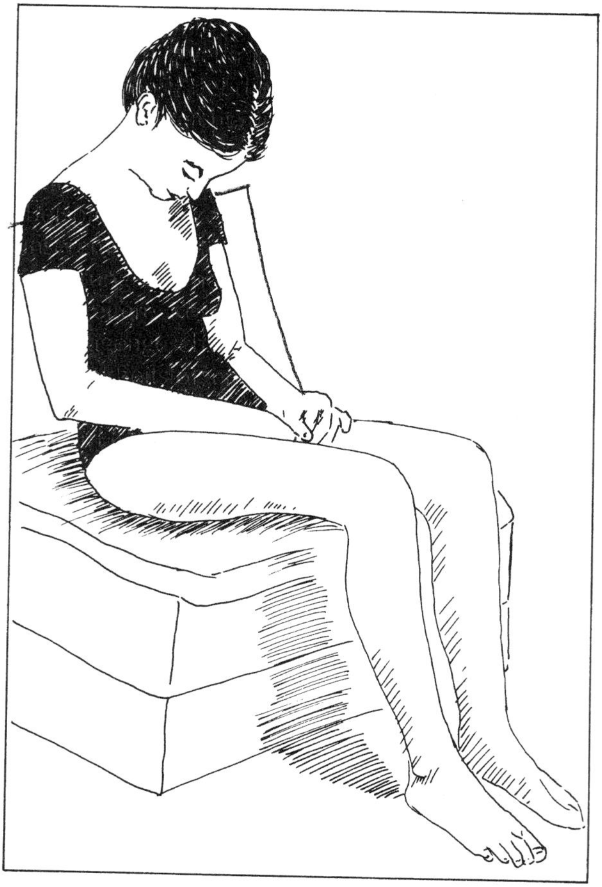

Abb. 32: Tief entspannte Übungshaltung

Beim Anheben der Fersen gilt entsprechendes. Heben Sie jetzt die Fersen und spüren Sie den Druck in den Waden, in den Schienbeinen und Füßen. Nehmen Sie das ziehende Gefühl wahr und spüren Sie die Härte in den Beinen. ... Lassen Sie los und genießen Sie den Kontrast, der nach der Anspannung in der Entspannungsphase zustande kommt.
Beugen Sie jetzt Ihre Füße und Zehen nach oben und nehmen Sie die Anspannung in den Schienbeinen, Waden und Füßen wahr. Spüren Sie wieder die Härte im Bein ... und umgekehrt die Auflösung der Spannung und die Ausbreitung der Entspannung bei der Lockerung. Inzwischen sind Ihre Füße und Beine sicher-

lich warm geworden, falls sie vor den Übungen kühl oder kalt waren.
Unternehmen Sie jetzt eine vorgestellte Wanderung durch Ihren Körper, um die Selbsterfahrung zu vertiefen und Restspannungen zu lösen.
Beginnen Sie bei den Füßen. Spüren Sie Ihre Füße. Wie fühlen sie sich an? Warm? Pulsierend? Schwer? Sind noch Spannungen vorhanden, die Sie jetzt lösen können?
Wandern Sie systematisch von unten nach oben durch Ihren Körper. Spüren Sie Ihre Waden, - Ihre Schienbeine, - Ihre Knie, - die Oberschenkel, - das Gesäß, - die Hüften. Erleben Sie die Schwere Ihres Unterkörpers, die Tiefe der Entspannung. Spüren Sie Ihr Kreuz, - Ihren Bauch, - Ihre Brust, - Ihre Atmung, - Ihre Schultern, - Ihre Arme, - Ihre Hände, - Ihre Finger.
Die Entspannung dehnt sich weiter auf Ihren Kopf aus. - Spüren Sie Ihren Hals, - Ihren Nacken, - Ihre Kiefer, - Ihre Lippen, - Ihre Augen, - Ihre Augenbrauen, - Ihre Stirn. - Fühlen Sie die umfassende Entspannung, die wohlige Wärme und Schwere des ganzen Körpers.
Bevor Sie wieder aktivieren, können Sie, wenn Sie wollen, noch einige Minuten mit oder ohne Musikuntermalung in dem jetzt erreichten Entspannungszustand bleiben und das angenehme Schwere- und Wärmegefühl einfach genießen.
Die Entspannungsgefühle brauchen nicht jedes mal so intensiv sein wie hier beschrieben. Die erreichbare Entspannungstiefe hängt von vielen situationsabhängigen Gegebenheiten, von äußeren und inneren Bedingungen ab. Aus einer relativ ruhigen Ausgangssituation heraus ist ein tieferer Entspannungsgrad zu erreichen als aus einer erregten Stimmung heraus. Die Ausgangsbedingungen sind nebensächlich, wenn wir als allgemeines Ziel der Entspannung eine Senkung der Ausgangsanspannung ansehen. Der Einsatz von Entspannungsübungen führt von einer hochgradigen Anspannung oder Erregung zu einer mittelmäßigen, von einer mittelmäßigen zu einer geringen und von einer geringen Anspannung zu einer tiefen Entspannung.
Jeder kann sich überlegen, wann er die Entspannungsübungen zweckmäßig einsetzen will. Es gibt eine Vielzahl von Gelegenheiten, in denen Entspannungsübungen gute Dienste leisten. Hierzu einige Zitate:

»Seit einem Jahr führe ich das Entspannungstraining regelmäßig morgens vor Dienstbeginn durch, da ich die Erfahrung gemacht habe, dass ich durch diese Übungen gelassener und ruhiger morgens meine an und für sich hektische und angespannte Arbeit beginne. Ich bin im ganzen weit gelöster.« (Frau D. aus Frankfurt.)

»Die PE-Wirkung bei Belastung durch Ärger usw. war verblüffend und schuf sofort den seelischen Ausgleich. « (Herr T. aus Berlin)

»Ich kann dieses Entspannungs-Training jedem empfehlen, der einen Herzinfarkt hatte wie ich bzw. in Gefahr ist, einen zu bekommen. Bei den Übungen löst sich die innere Verkrampfung. « (Herr V. aus Minden.)

»Nunmehr führe ich fast jeden Abend das Progressive Entspannungstraining durch. Diesem Training hat sich auch meine Frau angeschlossen, und wir haben beide mit dieser Behandlungsmethode Erfolg. « (Herr S. aus Bocholt)

»Ich bekomme nachts oft Herzanfälle, wobei ich mich bemühe, das Entspannungstraining auszuüben. Es gelingt mir nicht immer, mich gut zu entspannen, denn oftmals ist mir so übel, dass ich erbrechen muss und Kältegefühle auftreten. Das Kältegefühl geht durch das Training meistens vorüber. « (Frau R. aus Soltau)

»Ich hatte im August einen schweren Bergunfall mit Knochenbrüchen und Bänderrissen. Während der dreistündigen Wartezeit auf den Rettungshubschrauber und der nachfolgenden Operationen haben mir die Entspannungsübungen außerordentlich geholfen. Auch in den ersten Monaten nach dem Unfall hat mir die Beherrschung der Entspannungsübungen sehr geholfen und mir sicher viele Schmerzen (im Vergleich zu anderen Patienten) erspart.« (Frau S. aus München)

»PE und Literaturstudium haben zu einer Veränderung meines eigenen Lebenswandels und zur Entspannung der seelischen Belastungen geführt. Rückblickend kann ich jedem Erkrankten das progressive Entspannungstraining empfehlen.« (Herr B. aus Dresden)

Ergänzungsübungen: Entspannung mit Musik

Bei den Ausführungen zum Progressiven Entspannungstraining habe ich einige Male auf die Möglichkeit hingewiesen, die Übungen musikalisch zu unterstützen. Dabei denke ich nicht daran, den gesprochenen bzw. gelesenen Übungstext musikalisch zu unterlegen. Solche musikalischen Unterlegungen können leicht irritierend und ablenkend wirken. Vielmehr denke ich daran, im Anschluss an einen Übungsteil ein ruhegetöntes Musikstück einzuspielen, welches Sie wie folgt nutzen können:

1. Sich von der Musik tragen lassen, mitschwingen
2. Die vorher durchgeführten Übungen wiederholen
3. Teile der Übungen wiederholen
4. Die Übungen gedanklich durchgehen
5. Eine Erkundungsreise durch den Körper antreten
6. Sich in bestimmte Körperpartien hineinspüren
7. Desensibilisierungsübungen durchführen (vgl. letzter Teil des Buches).

Die Vorschläge 2 - 7 lassen sich auch ohne musikalische Untermalung realisieren.
Welche Art von Musik kann zur Unterstützung der Grundübungen hilfreich sein? Die generelle Antwort dürfte klar sein: möglichst ruhegetönte Musik. Ihre Auswahl ist nicht auf bestimmte musikalische Stilrichtungen begrenzt. Es kommt lediglich darauf an, dass ein ausgewähltes Musikstück zu Ihrer Entspannung beiträgt. Ein bestimmter Bluestitel kann z. B. eine beruhigendere Wirkung haben als ein bestimmtes klassisches Musikstück und umgekehrt.
Wenn Sie jetzt über passende Musik nachdenken, fallen Ihnen wahrscheinlich Ihre Lieblingsstücke ein. Diese eignen sich jedoch nur bedingt für unsere Zwecke, da sie leicht zu Abschweifungen führen.
Besonders melodische oder stark rhythmische Stücke behindern meist die Entspannung. Mozarts »Kleine Nachtmusik« oder Tschaikowskys 1. Klavierkonzert oder Interpretationen von Richard Claydermann sind sicher »Balsam für die Seele«, aber zur Ergänzung des Entspannungstrainings eher hinderlich. Musik, die mit besonderen Ereignissen verbunden ist, kann zu nicht gewünschtem Abschweifen führen. Musikalische Vorlieben und

persönlichen Hörgewohnheiten sind zu berücksichtigen. Wer Klassik oder Panflöte schauderhaft findet, sollte eher Bluesmusik oder Gitarrenklänge wählen.
Zur Unterstützung des Entspannungstrainings sind meist die folgenden Titel geeignet:

»Klassische Musik«
Johann Sebastian Bach: Air (Verschiedene Interpretationen)
Ludwig van Beethoven: Sonate Nr. 14, op. 27, Mondscheinsonate, 1. Satz
Robert Schumann: Träumerei (aus Kinderszenen, op. 15)
Claude Debussy: Clair de lune (aus Suite Bergamasque)
Frederic Chopin: Prelude, op. 28, Nr. 15
Jacques Offenbach: Barcarole (aus Hoffmanns Erzählungen)
Sampler »Musik zur Entspannung« (Verschiedene Interpreten)

»Volksweisen«
Ruhige Volkslieder möglichst in traditioneller Fassung und nicht in Popfassung verwenden.
Am Brunnen vor dem Tore
Der Mond ist aufgegangen
Drunten im Tale
Eintönig klingt ...
Greensleeves

»Meditative Musik«
Aktuelle meditative Musik finden Sie z. B. unter www.Musicline.de.
Martin Buntrock: Meer (www.MartinBuntrock.de)
Aeoliah: Angel Love
Paul Horn: Inside the great Pyramid
Gomer E. Evans: Nature Healing
Gregorianische Gesänge

»Unterhaltungsmusik«
Enya: May it be
Paul Simon: El Condor pasa
Harry Belafonte: Scarlet Ribbons
Fleetwood Mac: Albatros

Auf der fertig produzierten CD »Tiefmuskel-Entspannungstraining« (vgl. S. 49), auf der alle hier vorgestellten Übungstexte des Progressiven Entspannungstrainings enthalten sind, können Sie zwischen den Übungen klassische Musikstücke hören. (Im Fortgeschrittenenprogramm sind es Musikstücke aus dem Unterhaltungsbereich.) Nach der Entspannung der Arme wird ein Ausschnitt aus Ludwig van Beethovens Mondscheinsonate mit Friedrich Gulda, Klavier, eingespielt. Im Anschluss an die Entspannung von Gesicht und Schultern folgt J. S. Bachs »Air«, gespielt auf Panflöte von C. Tircolea. An die Entspannung des Leibes schließt sich wieder ein klassisches Klavierstück an, das »Clair de lune« von Claude Debussy, gespielt von Thomas Vasary. Das letzte Stück, das nach der Entspannung der Beine und der Gesamtperson zu hören ist, ist die »Barcarole« von Jacques Offenbach, gespielt vom Philharmonia Orchester London, Dirigent Herbert von Karajan.

Entspannungswahrnehmungen und Erfolgskontrolle

Die charakteristischen, häufig während der Übungen auftretenden Entspannungswahrnehmungen haben wir im Zusammenhang mit den einzelnen Entspannungsübungen bereits besprochen. Jetzt folgen die längerfristig zu erwartenden Effekte. Zusammen mit den spontan auftretenden Effekten können Sie diese zur Erfolgskontrolle verwenden. Längerfristig gesehen dient das Entspannungstraining der allgemeinen Gesundheitsvorsorge; diese ist mit einem Weniger von Krankheit und einem Mehr von individueller und sozialer Zufriedenheit verbunden. Auch psychisches und soziales Wohlbefinden lässt sich durch die gelassene, ausgeglichene Haltung, die durch ein ganzheitlich angewendetes Entspannungstraining gefördert wird, hervorrufen. Lebensqualität ist in erster Linie ein psychisches, in zweiter Linie ein soziales und erst in dritter Linie ein materielles Thema. Mit Erich Fromm gesprochen, gehören die wesentlichen menschlichen Erfahrungen dem Bereich »Sein« und nicht dem Bereich »Haben« an. Die Zunahme von Seinsgefühl, von positivem Körpergefühl, von mitmenschlichem Erleben kann ein wertvolles Ergebnis des konsequent angewendeten Entspannungstrainings sein. Diese Konsequenz beinhaltet, dass Sie bereit sind oder bereit werden, bestimmte Aspekte Ihres bisherigen Lebens in Frage zu stellen, was sicher nicht einfach ist.

Das Durcharbeiten dieses Buches führt Ihnen die Bedeutung der Reflexion vor Augen und erleichtert sie Ihnen gleichzeitig. Erleichternd wirkt sich das bereits frühzeitig auftretende Entspannungsgefühl aus. Es hilft Ihnen, sich auch schwierigeren Themen und Konflikten zu stellen, ohne gleich in unerträgliche Unruhe mit nachfolgender innerer Flucht zu verfallen. Es ist ein großer Erfolg des Entspannungstrainings und Ihrer eigenen Arbeit, wenn in Zukunft weniger Flucht- und Vermeidungsversuche stattfinden und damit weniger Krankheiten auftreten, die sich als Folgen von seelischer Flucht und Vermeidung einstellen. Die aus inneren Verspannungen entstehenden Fluchtsymptome sind z. B. Neurosen, Kopfschmerzen, Asthma, Magengeschwüre, Herzinfarkt, Suchtkrankheiten. Nähere Erläuterungen zu den hier angesprochenen Zusammenhängen finden Sie in Abb. 3: Bedingungsgefüge der gesundheitsschädigenden Risiken (siehe S. 19) und in Abb. 41: Reaktionsmöglichkeiten bei Ängsten und Konflikten (siehe S. 128).
Wer sich eine entspannte Basis erarbeitet hat, der wird freier, gelöster, gelassener, gesünder, wobei der Satz von H. Heyer gilt: »Nur wer sich lässt, der wird gelassen. « Darin steckt sowohl eine Bedingung als auch eine große Chance.
Damit wir bei der Betrachtung der umfassenderen Ziele die unmittelbaren Ziele nicht aus den Augen verlieren, folgt jetzt eine **Auflistung von Entspannungswahrnehmungen, die der Erfolgskontrolle dienen können**:

- Warme Hände, Arme, Beine, ganzer Körper
  Diese Empfindungen zeigen eine Durchblutungsförderung an. Die zunehmende Wärme ist mit einem Temperaturfühler messbar. Sie kann auf der Hautoberfläche um einige Grad Celsius ansteigen.

- Prickeln, Kribbeln in Händen, Armen, Beinen, Körper
  Diese Empfindungen zeigen, dass in den betroffenen Bereichen akute oder chronische Durchblutungsstörungen vorliegen und momentan eine intensive Mehrdurchblutung stattfindet.

- Schweregefühl in Händen, Armen, Beinen, ganzem Körper
  Diese Empfindungen zeigen fortgeschrittene Muskelentspannungen an.

Die Muskelentspannung kann mittels eines Elektromyographen aufgezeichnet werden. Die Abb. 33 zeigt eine solche Muskelschrift. Je flacher die untere Kurve ist, desto entspannter ist die gemessene Muskelpartie. Die obere Kurve zeigt das gleichzeitig mitgeschriebene Elektrokardiogramm.

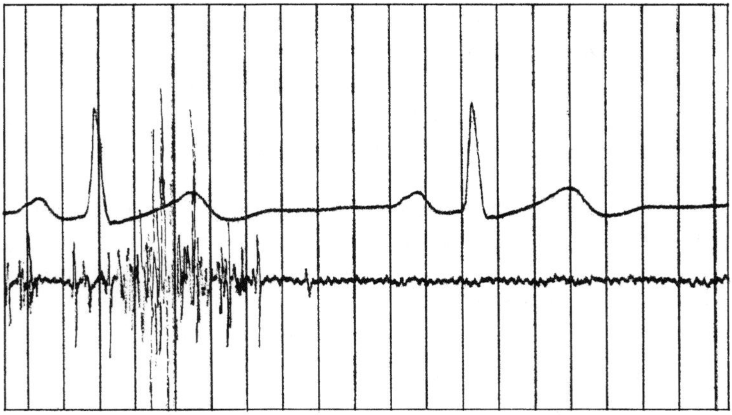

Abb. 33: EKG- und EMG-Ausschnitt

➢ Gelöste Lippen, Kiefer, Augen, Stirn
  Belastungen im Kopf lassen nach; das Gesicht kann sicht entspannen.

Wer verbissen oder verkniffen an die Alltagsprobleme herangeht und im Laufe der Zeit diese Eigenheiten verinnerlicht hat, wird beim Entspannungstraining zunächst seine Verspannungen im Kiefer-, Lippen-, Augen- und Stirnbereich spüren. Die Bewusstseinsnähe der meist unbemerkten Daueranspannungen hat den Vorteil, dass Sie in Zukunft öfter an diese kritischen Bereiche erinnert werden und entspannend gegensteuern können. Sollte der Kopfdruck weiter zunehmen und bei der Entspannung nicht schwächer werden, soll im Augen- und Stirnbereich weniger stark angespannt werden.

Das angestrebte angenehme Gefühl im Stirnbereich wird als „weicher, glatter und gelockerter als vorher“ beschrieben. Chronische Verspannungen im Kiefer- und Augenbereich sowie Kopfschmerzen können sich sofort verringern und bei weiterem Training ganz abbauen.

- Locker entspannte Schulterpartie, Nacken, Hals
  Die Verhärtungen und die unangenehmen Empfindungen im Schulternackenbereich lösen sich auf.

Unter Schulternackenverspannungen leiden heutzutage sehr viele Menschen. Wundern Sie sich daher nicht, wenn Sie bei den Übungen zunächst Ihre Muskelverhärtungen in Form von Schmerzen wahrnehmen. Das Schmerzgefühl soll jedoch nur ansatzweise spürbar werden; wenn es stärker wird, halten Sie sich in der nächsten Zeit mit der Kraft der Anspannung zurück.

Frau B. aus Berlin wendet die Übungen bei akuten Schmerzen an. Sie schreibt u. a.: »Als Technische Zeichnerin bin ich zeitweilig überbeansprucht; dann habe ich Schmerzen in der Schulterregion. Wenn ich vor Schmerzen nicht einschlafen kann, erinnere ich mich an mein Entspannungstraining. Meistens bin ich bald unmerklich eingeschlafen und ohne Schmerzen aufgewacht. Es hilft!«

Als mittelfristiger Trainingseffekt wird ein Nachlassen der Verhärtung und damit der Schmerzen eintreten, und die Beweglichkeit wird zunehmen.

Bei der Anspannung im Hals wird ein leicht beklemmtes Gefühl bewusst hervorgerufen. Die angenehme Folge der Entspannung ist ein Befreiungsgefühl und eine über den Ausgangszustand hinausgehende Lockerung im Hals- und Brustbereich.

- Locker-gelöster Leib- und Genitalbereich
  Bauch- und Unterleibsbeschwerden lassen sich verringern.

Besonders diejenigen unter Ihnen, die mit Bauch- und Unterleibsbeschwerden zu tun haben, werden sich über Entlastungen in diesen Bereichen freuen. Regulierungen der Verdauung kündigen sich mit Gluckern und Kullern in den Därmen an; Mehrdurchblutung zeigt sich als Kribbeln oder Wärmegefühl. Bei Hämorrhoiden zeigen Wärme und Kribbeln eine positive Durchblutungsförderung in der Analzone an. Durch gezieltes An- und Entspannen des Afters lassen sich im Rahmen unseres Entspannungstrainings Hämorrhoidenleiden beeindruckend abbauen.

Die positive Beeinflussung von sexuellen Störungen ergibt sich als Effekt des gesamten Entspannungstrainings. Wie Sie wissen, reagiert die Sexualfunktion auf Störungen und seelische Spannungen sehr empfindlich. In der Entspannung verringern sich auch eventuell vorhandene Leistungs- oder Versagensängste, die Lustempfindungen weitgehend verhindern.

➢ Regelmäßig-ruhiger Puls; normaler Blutdruck
Blutdruck und Puls lassen sich mit dem Entspannungstraining weitgehend normalisieren. Besonders die labilen Blutdruckverhältnisse lassen sich mit Entspannungsübungen recht gut einregulieren.

Ein normaler Blutdruck soll die Grenzmarken von 160 für den systolischen und 95 für den diastolischen Blutdruckwert auch in emotionalen Stresssituationen nicht übersteigen (vgl. Abb. 34). Die Abb. 34 zeigt Ihnen, wie bei dem Patienten in emotionalen Belastungssituationen die normalen Blutdruckwerte plötzlich weit überschritten werden. In Ruhesituationen bewegen sich die Werte an der oberen Normalitätsgrenze entlang. Auch bei der Herzfrequenz zeigen sich die Erregung und die Entspannungsschwierigkeiten des Patienten. Sein Reaktionsverhalten am

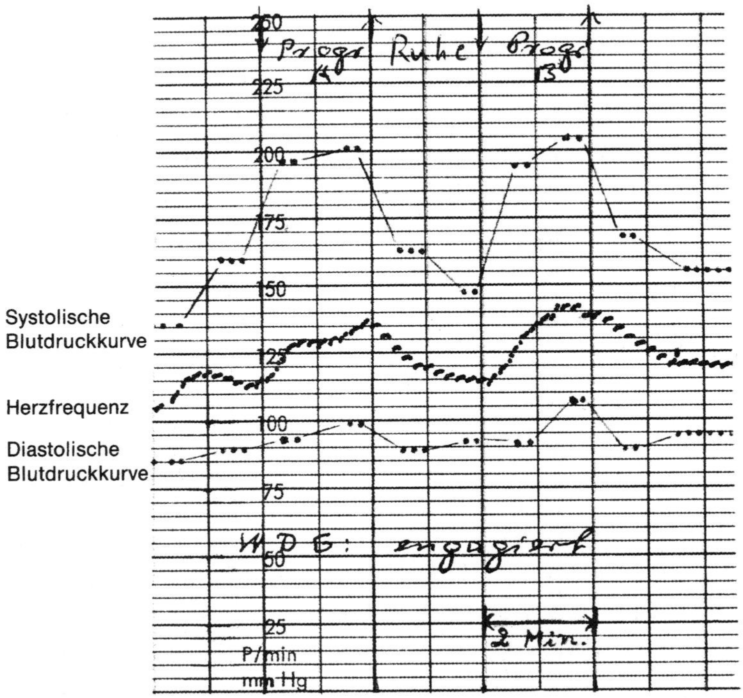

Abb. 34: Blutdruck- und Herzfrequenzreaktionen während emotionaler Belastungsprogramme (Stressprogramm A und B) und in Ruhesituationen (Ruhephase jeweils vor und nach den emotionalen Belastungssituationen)

Stresssimulationsgerät WDG (»Wiener Determinationsgerät«) ist engagiert und angespannt, wobei ihm überdurchschnittlich viele Fehler unterlaufen. Wir machen oft die Feststellung, dass ein überengagiertes, hektisches und angespanntes Arbeitsverhalten nicht zu einer höheren qualitativen Leistung führt. Ein locker-engagiertes, entspanntes Arbeitsverhalten führt zu optimalen Leistungsergebnissen und ist wesentlich gesünder, weil hierbei u. a. weniger pathologische, d. h. krankhafte Blutdruckwerte zustande kommen. Das Entspannungstraining kann helfen, den Blutdruck in realen Belastungssituationen weniger stark ansteigen zu lassen. Dies kann dazu führen, dass der Blutdruck sich insgesamt normalisiert, wie es z. B. die Abb. 35 zeigt.
Das gesamte Spannungsniveau ist hier niedriger und damit auch die Blutdruckwerte. Während der Stressbelastung kommen noch leichte und ganz natürliche Blutdruck- und Herzfrequenzerhöhungen zustande, die jedoch kein pathologisches Ausmaß mehr erreichen.

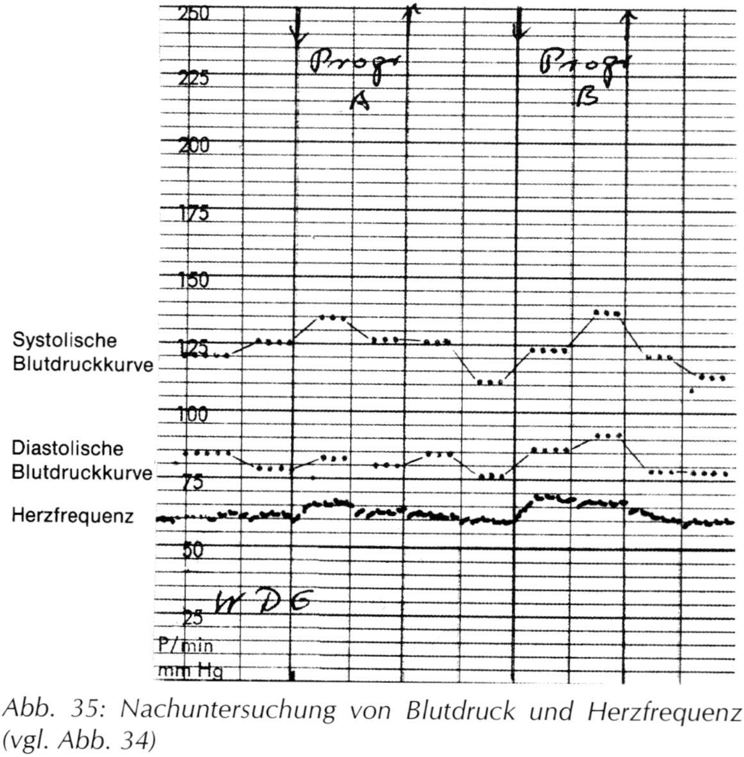

Abb. 35: Nachuntersuchung von Blutdruck und Herzfrequenz (vgl. Abb. 34)

In einer Rehabilitationsklinik in Bad Salzuflen wurde vor einiger Zeit eine Verlaufsuntersuchung mit denjenigen Patienten durchgeführt, die bei 3 aufeinander folgenden Blutdruckmessungen in der ersten Woche ihres Rehabilitationsaufenthaltes stets erhöhte Blutdruckwerte hatten. Bei diesen Patienten wurden Blutdruckmessungen in einer emotionalem Stresssituation durchgeführt (vgl. Beispiel Abb. 34). Nach einem vorher festgelegten Schema wurden die Patienten dann einer der folgenden Untersuchungsgruppen zugeordnet:

1. Einnahme eines blutdrucksenkenden Medikaments
2. Einnahme eines Betablocker-Medikaments
3. Keine gezielten blutdruckbeeinflussenden Maßnahmen
4. Erlernen einer gezielten Entspannungsmethode

Nach dem die Maßnahmen 3 Wochen lang durchgeführt worden waren, wurde eine der ersten Stressbelastung gleichwertige Stressbelastung provoziert und die aufgezeichneten Werte wurden miteinander verglichen. Die Ergebnisse können Sie der Abb. 36 entnehmen.
Interessant bei diesen Ergebnissen ist, dass die Medikamente, die den Blutdruck senken sollen, insgesamt keine bessere Wirkung haben als andere Maßnahmen. Es gibt jedenfalls keinen signifikanten Unterschied zwischen den vier Gruppen. Visken und Entspannungsübungen senken der Tendenz nach den Blutdruck am stärksten in Ruhesituationen. In emotionalen Belastungssitua-

	Blutdruck-senkendes Mittel	Beta-blocker	Allg. Reha-anwendungen	Entspannungstraining
Blutdruck-normalisierung in Ruhesituation	53%	62%	52%	58%
Blutdrucknormalisierung in emotionalen Belastungssituationen	33%	37%	41%	41%

Abb. 36: Prozentsätze der Normalisierung von Blutdruckwerten, die vor Beginn der einzelnen Maßnahmen krankhaft erhöht waren (N = 350)

tionen haben allgemeine Kuranwendungen und das Entspannungstraining die besten blutdrucksenkenden Ergebnisse. Da die Ergebnisse nicht signifikant unterschiedlich sind, lässt sich der Schluss ziehen, diejenigen Maßnahmen zu bevorzugen, die den Organismus möglichst wenig belasten und auf Dauer die gesündesten und wirksamsten sind.
Bei der Frage nach der Dauerwirkung schneiden die allgemeinen Rehamaßnahmen am schlechtesten ab: die Rehawirkungen verflachen nach 3 bis 4 Monaten wieder, was später noch belegt wird. Bei der Frage nach der körperlichen Verträglichkeit schneiden die Medikamentengruppen am schlechtesten ab, da die Zufuhr von Medikamenten eine ständige chemische Belastung für den Körper, speziell für Magen und Nieren darstellt.
Diese Überlegungen legen den Schluss nahe, dem Entspannungstraining den Vorzug zu geben. Die Ergebnisse der Nachuntersuchungen, die weiter hinten beschrieben sind, bekräftigen diesen Schluss.
Nach diesen etwas ausführlicheren Darlegungen zur Blutdrucksenkung setzen wir die Sammlung der Entspannungswahrnehmungen fort, die zur Erfolgskontrolle herangezogen werden können.

➢ Gleichmäßig-ruhige Atmung; lockeres Zwerchfell
  Die natürliche Atmung kann zunehmen.

Die Atmung fließt ruhig und gelöst, wenn dieser möglichst wenig Aufmerksamkeit zugewendet wird. Sobald die Atmung bewusst beachtet wird, kommt es leicht zu willkürlicher Atembeeinflussung. Willkürliche Atmung stört die normalerweise unwillkürlich ablaufende Atmung. Die Atmung kann auch durch andere Einflüsse gestört werden, die im Zusammenhang mit der Atemübung besprochen werden.

➢ Leichtere Konflikt- und Problembewältigung
  Das Entspannungstraining versetzt in die Lage, Probleme und Konflikte leichter zu bearbeiten.

Einen hervorragenden Erfolg haben Sie als eine Folge des Entspannungstrainings erreicht, wenn Ihnen die Auseinandersetzung mit Konflikten und Problemen jetzt leichter fällt und wenn Sie gelernt haben, die Entspannungsübungen bei der Konfliktbearbeitung gezielt einzusetzen.

Herr S. aus Leipzig schreibt hierzu: »Das Entspannungstraining hilft mir in Konfliktsituationen sehr, obwohl dieselben jetzt selten auftreten. Ansonsten führe ich die Übungen des öfteren in der Woche durch, besonders zum Wochenende.«
Frau B. aus Wuppertal erwähnt zu diesem Themenkomplex: »Bemerken möchte ich noch, dass das Progressive Entspannungstraining mir in Belastungsmomenten - die sich im Alltag, im Beruf und in der Familie zwangsläufig ergeben - mehr hilft als bisher das manchmal von mir angewandte Autogene Training. «

Weitere Entspannungswahrnehmungen, die der Erfolgskontrolle dienen können, sind:

- Insgesamt ruhiger und gelöster
  Die Entspannung wirkt sich auf den ganzen Menschen aus und steigert das Wohlbefinden.
- .Sicherer und geduldiger
  Auch Selbstsicherheit und Geduld nehmen zu.
- Konzentrierter; mehr Überblick
  Dies sind indirekte Effekte der allgemeinen Entspannung.
- Entspannt, locker, leicht
  Aktuelle Gefühle des Wohlbefindens
- Gelassenheit, Ruhe, Ausgeglichenheit
  Überdauernde Gefühle des Wohlseins
- Innere Harmonie, Geborgenheit, wohliges Lebensgefühl
  Positive Lebensgefühle
- Gute Beziehung zum Körper, Körper spüren
  Positive Körpergefühle
- Leichtigkeit, Schwerelosigkeit, Schwebegefühl; in die Unterlage hineinsinken
  Bei diesen Gefühlen handelt es sich um eine Vertiefung und nachfolgende paradoxe Umkehrung der Schwerewahrnehmungen.
- Versinken, in Abgrund fallen, ins Unendliche fallen
  Wenn diese Gefühle bei tiefer gehender Entspannung auftreten, liegen wahrscheinlich nichtverarbeitete, ungelöste Lebens- oder Todesängste vor. Die Schwereempfindungen (wahrscheinlich auch Angstträume) werden dann als Ventile für Angstäußerungen benutzt.

- Schwer, schläfrig, müde
  Bei weiter fortgeschrittenerer Entspannung
- Frisch, fit, ausgeruht
  Nach guter Entspannung und kräftiger Aktivierung

Ihre bisherigen und die später noch eintretenden Erfolge können Sie mit diesen Ausführungen vergleichen. Den Nacherhebungsbogen, der im Anschluss an das Entspannungstraining für Fortgeschrittene abgedruckt ist, können Sie zur Einschätzung Ihrer Fortschritte nach einigen Wochen der Beschäftigung mit dem Grundtraining ausfüllen und mit dem Spannungsfragebogen vergleichen. Die Spannungs-, Stress- und Eigenaktivitätsfragebögen können Sie auch nach einiger Zeit nochmals durchgehen und dabei auf mögliche zwischenzeitlich eingetretene Veränderungen achten.
Hier folgt nun ein Formblatt für Ihre eigenen Übungsprotokolle, mit deren Hilfe Sie Ihr Training beschreibend und bewertend begleiten können. Ein Protokollbeispiel haben Sie bereits auf Seite 58 gesehen. Es ist sinnvoll, zur Unterstützung und Reflexion Ihres Trainings ein solches Protokoll anzufertigen.

Mein Übungsprotokoll:

Tag	Zeit	Dauer	Empfindungen
Sonntag	Morgens		
	Mittags		
	Abends		
Montag	Morgens		
	Mittags		
	Abends		
Dienstag	Morgens		
	Mittags		
	Abends		
Mittwoch	Morgens		
	Mittags		
	Abends		
Donnerstag	Morgens		
	Mittags		
	Abends		
Freitag	Morgens		
	Mittags		
	Abends		
Samstag	Morgens		
	Mittags		
	Abends		

Abb. 14: Übungsprotokoll

Entspannungstraining für Fortgeschrittene

Sie sollten das Grundtraining wenigstens 2 bis 3 Wochen täglich durchgeführt haben, bevor Sie sich dem Fortgeschrittenentraining mit Aussicht auf Erfolg zuwenden können. Sie beherrschen das Grundtraining, wenn einige der gerade genannten Erfolgsmerkmale und Entspannungswahrnehmungen spürbar werden.
Sie können sich mit dem Erreichten zufrieden geben, wenn es Ihnen nur um allgemeine Entspannung etwa nach einem ereignisreichen Arbeitstag geht.
Wenn Sie jedoch mit dem Entspannungstraining »leben« und es in jeder Lebenssituation einsetzen wollen, dann sollten Sie auch die Fortgeschrittenentechnik erlernen. Hierbei geht es um eine Weiterführung des bisher Gelernten, also nicht um etwas gänzlich Neues. Das Ziel des Entspannungstrainings für Fortgeschrittene ist, eine Vorgehensweise kennen zu lernen und einzuüben, die Sie später in nahezu allen Situationen einsetzen können. Bei der konkreten Anwendung der Grundtechnik ist es mitunter schwierig bzw. der Situation nicht ganz angemessen, »demonstrativ« Muskelanspannungen mit nachfolgenden Entspannungen durchzuführen.
Es gibt jedoch neben der kräftigen willkürlichen An- und Entspannung der Muskeln drei weitere Möglichkeiten, die Kontraste im progressiven Entspannungstrainings wirksam werden zu lassen:

1. Leichte willkürliche An- und Entspannung. (Weniger intensiv an- und entspannen.)
2. »Innere« willkürliche An- und Entspannung, ohne dass dies äußerlich sichtbar wird. (So entspannen, als ob die Muskeln in ihrer Lage verändert würden.)
3. Unwillkürliche An- und Entspannung in der Vorstellung. (Sich in die Muskeln hineinversetzen und sich die An- und Entspannung vorstellen.)

In der Fortgeschrittenentechnik sollen Sie diese drei Stufen praktisch kennen lernen und einüben. Je nach Situation oder Stimmung können Sie später die Technik wählen, welche Ihnen am angenehmsten ist und der Situation am besten angemessen ist.
Die genannten drei Schritte beinhalten eine Weiterführung des Entspannungstrainings von der muskulären Ebene auf die Vorstellungsebene. Die Vorstellung von An- und Entspannung macht am Anfang erfahrungsgemäß einige Mühe. Nicht zuletzt wegen dieser zu erwartenden Schwierigkeiten wird der Zwischenschritt der leicht-willkürlichen An- bzw. Entspannung eingefügt.
Leicht-willkürliche Anspannung bedeutet, dass die Übungen so wie in der Grundtechnik durchgeführt werden sollen, aber die Kraft der Anspannung weniger stark sein soll.
Beim Zwischenschritt der inneren-willkürlichen Anspannung werden keine äußerlich sichtbaren Muskelanspannungen durchgeführt, vielmehr werden die Muskeln so angespannt, als ob eine bestimmte Bewegung durchgeführt werden soll. Bei der Faustübung z. B. lassen Sie bei geöffneter Hand die Muskelspannungen so von innen kommen, als ob Sie die Hand zur Faust ballen wollten. Bei der Armübung lassen Sie den Arm liegen und spannen die Armmuskeln so an, als ob Sie den Arm heben wollten usw.
Wenn Sie die Zwischenschritte erprobt haben, wird Ihnen auch der letzte Schritt, nämlich die An- und Entspannung in der Vorstellung keine Mühe mehr machen. Lassen Sie sich nicht von der Idee irritieren, auf Grund von Vorstellungen könnten keine wirklichen Muskelan- und -entspannungen zustande kommen. Spannungsveränderungen aufgrund von Vorstellungen sind alltäglich; denken Sie nur an die Spannungen bei Angstgefühlen oder Versagensbefürchtungen. Die Kraft unserer Vorstellungen und Gedanken setzen wir im Entspannungstraining in positiver, nämlich entspannender Weise ein. Im Autogenen Training wird diese autosuggestive Vorgehensweise vorwiegend genutzt.
Es ist für die Progressive Entspannung nicht unbedingt nötig, die Vorstellungsebene zu erreichen. Sie können sich auch mit einer der anderen Ebenen zufrieden geben. Die Anwendung der Entspannungsübungen auf der Vorstellungsebene stellt freilich das eleganteste Vorgehen dar. Auf der Vorstellungsebene können Sie das Training überall durchführen, sogar bei Gesprächen und Diskussionen in Gegenwart Ihrer Gesprächspartner. Es ist nicht erforderlich, das ganze Entspannungsprogramm durchzuführen,

vielmehr können Sie sich auch sekundenweise auf die eine oder andere Entspannungsübung einstellen.
In solchen Situationen stellen Sie sich am besten auf die Bereiche ein, in denen Sie gerade die stärkste Spannung spüren. Sollten Sie sich z. B. in den Schultern besonders verkrampft fühlen, dann stellen Sie sich kurz auf die Verstärkung der Anspannung der Schulterpartie ein und lassen Sie dann wieder locker. Nach wiederholtem An- und Entspannen werden Sie die zunehmende Entlastung spüren.
Im konkreten Alltagseinsatz ist die Anspannung bei Übungsbeginn bereits vorhanden. Die vorhandene Verspannung wird kurzfristig willkürlich verstärkt und anschließend wieder losgelassen. So können Sie vorhandene Spannungen leichter lösen, weil Sie Ihre Verspannungen im wahrsten Sinne des Wortes »in den Griff« bekommen. Auch bei allgemeinen Unruhegefühlen wie Nervosität oder Reizbarkeit können Sie sich fragen, wo diese Anspannungen im Körper am meisten reflektiert werden, und sich dann gezielt auf diese Bereiche einstellen.
Jede gezielt eingesetzte Entspannung wird sich auch auf andere Bereiche auswirken. Wenn Sie die Kopfentlastung fördern wollen, erreichen Sie dies auch durch Anwendung der Armübungen, der direkte Einsatz der Kopfübung wirkt sich allerdings intensiver aus. Sie können gern experimentieren, die für Sie zutreffenden Wirkzusammenhänge ergründen und entsprechend handeln.
Das Gelernte können Sie später zur Vorbereitung auf mögliche Belastungssituationen, aber auch in solchen und nach solchen Belastungssituationen einsetzen. Soweit wie möglich sollen Sie sich auf vermutete oder zu erwartende Belastungssituationen entspannend vorbereiten. Dies hat den Vorteil, dass Sie Körperspannungen und Ängste frühzeitig abbauen und die Situationen souveräner angehen können. Die noch verbleibende Anspannung können Sie durch sekundenlange Einstellung auf Entspannungsübungen stufenweise abbauen. Den verbleibenden Rest von Erregung können Sie im Anschluss an die Belastungssituation mit Hilfe des Entspannungstrainings weiter bearbeiten.
Entscheiden Sie selbst, wann Sie welche Technik am besten anwenden können. Die Grundtechnik werden Sie häufiger durchführen, wenn Sie Zeit und Ruhe für Ihre Entspannungsübungen haben und das Gelernte festigen oder auffrischen wollen. Die Fortgeschrittenentechnik können Sie nach der Einübungsphase in konkreten Belastungssituationen einsetzen.

Berücksichtigen Sie, dass die Intensität der Entspannungswahrnehmungen im Fortgeschrittenentraining abnimmt, da die hervorgerufenen Kontraste geringer werden. In der Fortgeschrittenentechnik sind die Empfindungen normalerweise weniger eindrucksvoll als bei der Grundtechnik, es sei denn, Sie beherrschen nach ausgiebigem Üben die Vorstellungstechnik so gut, dass auf dieser qualitativ neuen Ebene sogar tiefere Entspannungsempfindungen zustande kommen. Es bedarf natürlich ausgiebiger Übung, bis Sie soweit sind, das Fortgeschrittenentraining zu beherrschen und einsetzen zu können.
Es folgt jetzt der Anleitungstext für das Entspannungstraining für Fortgeschrittene mit den weiterführenden Stufen bis auf die Vorstellungsebene. Bei der späteren praktische Anwendung des Gelernten im Alltag setzen Sie die dann passende Technik ein.
Drei Punkte im Text zeigen eine Pausenzeit an, in der Sie nicht weiterlesen, sondern die Spannung bzw. Entspannung sich einige Sekunden lang ausbreiten lassen sollen.
Das Grundtraining haben Sie sich zu eigen gemacht; es ist so »Ich-nah« geworden, dass Sie in Zukunft die Ich-Form für die Formulierungen der Übungen benutzen können.
Ihre Übungen können Sie mit einem Entspannungswort einleiten, indem Sie sich beim Ausatmen auf den Begriff »*Ruhig*« oder »*Entspannt*« einstellen.

1. Übungsteil: Entspannung der Arme

Progressives Entspannungstraining für Fortgeschrittene - Entspannung der Arme

Ich lockere meine Schulter- und Armmuskeln. Ich entspanne mich, so gut es im Moment möglich ist. ...
Jetzt schließe ich meine rechte Hand locker zur Faust, verstärke ein wenig den Druck in der Hand, fühle die Spannung ... und nun entspanne ich. Ich lasse die Finger meiner rechten Hand locker und erlebe das unterschiedliche Gefühl. Ich löse alle Spannungen und spüre, wie die Entspannung sich in meinem Arm ausbreitet. ... Jetzt lasse ich die Muskelspannungen in meiner rechten Hand und meinem Arm sich so ausbreiten, als ob ich die Hand zur Faust ballen wollte, und erlebe die leichte Anspannung. ... Nun löse ich die Spannung und spüre die ent-

spannte Lockerheit. ... Ich stelle mir nun lediglich vor, dass ich die rechte Hand anspanne, ohne dies aktiv zu tun. Ich spüre die innerliche Spannung ... und entspanne wieder. Ich genieße den Kontrast. ...
Nun schließe ich beide Hände locker zu Fäusten, verstärke ein wenig den Druck, nehme die Empfindungen wahr ... und löse die Anspannung. Ich lasse meine Finger locker und fühle die Entspannung. ... Ich spanne jetzt die Muskeln beider Hände so an, als ob ich die Hände zu Fäusten schließen wollte, und nehme die instabilen Spannungsgefühle wahr. ... Ich löse die Spannung und lasse die Entspannung sich ausbreiten. ... Ich stelle mir jetzt vor, dass ich die Hände zu Fäusten schließe, und empfinde die Spannung in den Händen und Unterarmen. ... und entspanne wieder. Ich erlebe die Lockerung. ...
Nun hebe ich die Arme, beuge die Ellenbogen und ziehe die Arme etwas näher zum Körper hin, ... nun lasse ich meine Arme wieder locker, entspanne sie und erlebe den Unterschied. Die Entspannung entwickelt sich weiter. ... Ich spanne jetzt meine Armmuskeln so an, als ob ich die Arme heben und beugen wollte ... und löse die Anspannung wieder. ... Jetzt stelle ich mir vor, dass ich meine Ellenbogen beuge und die Arme spanne. Ich achte auf meine Empfindungen. ... Nun löse ich die innere Spannung wieder. Ich entspanne meine Arme und erlebe die wohltuende Erleichterung. Systematische Entspannung bedeutet aktive Gesundheitsvorsorge. ...
Jetzt drehe ich meine Hände herum, so dass die Handinnenflächen nach oben zeigen, drücke Hände und Arme leicht nach unten gegen die Unterlage ... und entspanne wieder. Ich bringe meine Arme in eine angenehme Lage. Ich erlaube meinen Armen, sich weiter zu entspannen. ... Nun spanne ich meine Hände und Armmuskeln so an, als ob ich Hände und Arme herumdrehen wollte, spüre die Spannung ... und löse sie wieder. ... Jetzt stelle ich mir vor, wie ich meine Hände und Arme nach unten drücke und spüre die zunehmende Spannung. ... Nun entspanne ich wieder und erlebe den Unterschied. ...
Ich stelle mich jetzt auf reine Entspannung in den Armen ein, auf Gelassenheit ohne jegliche Anspannung. Meine Arme liegen locker und bequem. Ich entspanne mich weiter und weiter. ... Selbst wenn ich den Eindruck habe, meine Arme seien nun völlig entspannt, versuche ich noch ein wenig weiterzugehen. Ich spüre ein tieferes und noch tieferes Gefühl der Entspannung. ...

Sie können nach diesem ersten Übungsabschnitt der Fortgeschrittenenstufe entweder ein Musikstück einspielen (s. S. 109/110) oder die Übungen in Gedanken wiederholen. Anschließend können Sie aktivieren oder ohne Aktivierung mit dem zweiten Übungsabschnitt des Fortgeschrittenentrainings weiterfahren.

2. Übungsteil: Entspannung von Gesicht und Schultern

Entspannung von Gesicht und Schultern

Ich lasse alle Muskeln schwer und locker. ...
Ich konzentriere mich auf mein Gesicht, hebe meine Augenbrauen und kräusele meine Stirn. ... Nun ziehe ich die Augenbrauen etwas nach unten und spüre die unterschiedliche Spannung. ... Ich entspanne meine Augenbrauen, meine Kopfhaut und lasse meine Stirn locker. Ich spüre, wie die Haut meiner Stirn immer glatter wird, je mehr ich mich entspanne. ... Jetzt spanne ich die Muskeln in meinem Kopf so an, als ob ich die Augenbrauen heben wollte, spüre die innere Spannung ... und lenke die Spannung in die andere Richtung, spüre den unterschiedlichen Druck ... und entspanne. ... Jetzt stelle ich mir lediglich vor, dass ich die Augenbrauen anhebe und die Stirn sich in Falten legt. ... Nun wechsle ich die Spannungsrichtung, indem ich in Gedanken die Augenbrauen nach unten ziehe. ... Ich höre mit dieser Vorstellung auf und stelle mich wieder auf reine Entspannung ein. ...
Nun schließe ich meine Augen etwas fester und nehme die zunehmende Spannung wahr, ... ich weite die Spannungsgefühle auf meine Stirn aus ... und entspanne Augen und Stirn. Die Augen sind wieder locker geschlossen. ... Jetzt spanne ich die Kopfmuskeln so an, als ob ich meine Augen fester schließen wollte, ... ich dehne die Spannung auf die Stirn aus, indem ich die Stirn kräuseln wollte.. und löse die Spannung. ... Diesmal stelle ich mir vor, dass ich die Augen zusammendrücke,... höre mit diesem Gedanken auf und erlebe reine Entspannung. ...
Nun drücke ich die Kiefer gegeneinander, nicht zu stark, konzentriere mich auf die Spannung von Ober- und Unterkiefer. ... Jetzt spanne ich auch meine Lippen an, presse die Lippen ge-

geneinander ... und entspanne. Ich lasse die Lippen und Kiefer wieder in eine bequeme Haltung zurückkehren und spüre, wie sich Kiefer, Lippen, Kehle, Augen und Stirn lockern. Die Entspannung wird tiefer. ... Nun spanne ich meine Kiefermuskeln so an, als ob ich die Kiefer gegeneinander drücken wollte, ... ich spanne auch meine Mundmuskeln so, als ob ich meine Lippen gegeneinanderpressen wollte ... und entspanne. ... Jetzt stelle ich mir vor, dass ich die Kiefer gegeneinanderpresse und den Druck spüre. ... Ich dehne die Spannungsgefühle auf die Lippen aus. ... Jetzt lenke ich meine Gedanken wieder auf wohltuende Entspannung. Ich spüre, wie die Entspannung sich in meinem Gesicht ausbreitet. ...

Jetzt wende ich meine Aufmerksamkeit meinen Nackenmuskeln zu. Ich drücke meinen Kopf etwas nach hinten und achte auf die Spannungsgefühle in meinem Nacken. ... Nun rolle ich den Kopf auf die rechte Seite und beobachte, wie die Spannung sich verändert. ... Nun rolle ich den Kopf auf die linke Seite, spüre die Spannung ... und lasse den Kopf in eine angenehme Lage zurückkehren. Ich spüre die wohlige Gelöstheit, genieße die Ruhe. ... Nun spanne ich die Hals- und Nackenmuskeln so an, als ob ich den Kopf nach hinten drücken wollte, ... ändere die Spannungsrichtung, indem ich so anspanne, als ob ich den Kopf nach rechts drücken wollte, spüre die Anspannung, ... ändere die Spannungsrichtung nach links, nehme die unterschiedlichen Gefühle wahr ... und löse die Spannung. ... Jetzt stelle ich mir vor, dass ich den Kopf nach hinten drücke und unangenehme Empfindungen bekomme. ... Ich stelle mir vor, dass ich den Kopf nach rechts drücke, und erlebe den Wechsel der Spannungsgefühle ... Ich stelle mir vor, dass ich den Kopf nach links drücke, und spüre, wie die Spannung wieder wechselt. ... Nun stelle ich mich auf reine Entspannung ein und erlebe die Entlastung. ... Ich spüre, wie sich Nacken und Schultern weiter entspannen. Die Entspannung breitet sich über mein Gesicht und meinen Rücken aus. Sie breitet sich immer weiter aus. Ich bin ganz tief entspannt. ...

Sie können jetzt entweder die Ruhe und Entspannung weiter genießen, sich auf ein Musikstück einstellen oder die Übungen noch einmal gedanklich nachvollziehen.

Wenn Sie die Übungen beenden möchten, zählen Sie leise rückwärts von 4 bis 0 und nehmen Sie das Schweregefühl zurück. Sie fühlen sich anschließend gelassen, erfrischt und angenehm ruhig.

3. Übungsteil: Entspannung des Leibes

Entspannung des Leibes

Ich löse mich, so gut es mir im Moment möglich ist. Ich atme leicht und frei ein und aus und beobachte, wie mit dem Ausatmen die Entspannung zunimmt. ... Während der Atem ausströmt, merke ich, wie ich mich weiter entspanne. ...
Jetzt atme ich ein, so dass sich Bauch und Brust geringfügig wölben. Ich halte den Atem an ... und lasse Bauch und Brustkorb locker und den Atem frei ausströmen. Ich spüre die Erleichterung, atme wieder frei und genieße die Entspannung. ... Nun spanne ich die Brustmuskeln so, als ob ich willkürlich einatmen und die Luft anhalten wollte ... nun lasse ich den Atem wieder ruhig weiterfließen. ... Jetzt stelle ich mir vor, dass ich so tief einatme, dass sich Bauch und Brust wölben und ich dann den Atem anhalte, ... genug: die Luft kann wiederfrei ausströmen. Ich spüre die Erleichterung. Die Entspannung breitet sich weiter aus über meine Schultern, meine Arme, meinen Rücken. ...
Jetzt hebe ich meine Schultern und halte diese Spannung, ... drücke zusätzlich mein Kinn etwas nach unten gegen die Brust und erlebe das leichte Engegefühl. ... Nun löse ich die Anspannung und spüre die Befreiung. Die Entspannung breitet sich wieder aus. ... Nun spanne ich meine Schultern so an, als ob ich die Schultern hochziehen wollte, - zusätzlich spanne ich meine Hals- und Nackenmuskeln so, als ob ich mein Kinn nach unten gegen die Brust drücken wollte ... und entspanne. ... Nun stelle ich mir vor, dass ich die Schultern hochziehe und die Spannung festhalte - in Gedanken presse ich mein Kinn gegen die Brust und erlebe das leichte Engegefühl. ... Nun entspanne ich. Die Entspannung breitet sich weiter aus. ...
Jetzt drücke ich die Bauchmuskeln allmählich nach außen, bis sie härter werden. - Jetzt ziehe ich meinen Bauch nach innen und erlebe den Spannungswechsel ... und entspanne wieder. Ich lasse die Muskeln locker und spüre den Unterschied von Anspannung und Entspannung. ... Nun spanne ich meine Bauchmuskeln so an, als ob ich den Bauch nach außen drücken wollte - jetzt spanne ich so an, als ob ich meinen Bauch nach innen ziehen wollte ... und lasse alle Spannungen los. ... Jetzt stelle ich mir vor, wie ich den Bauch nach außen drücke und die Bauchmuskeln fest und hart werden. - Ich wechsle das Span-

nungserleben, indem ich mich auf das Einziehen des Bauches konzentriere ... und stelle mich wieder auf reine Entspannung ein. ... Ich atme wieder normal und leicht und spüre dabei das angenehme Gefühl, das sich in meiner Brust und meinem Bauch ausbreitet. Jedes mal, wenn ich ausatme, spüre ich die rhythmische Entspannung. Ich überlasse mich diesem Gefühl. Alle Spannungen in meinem Körper lockern sich weiter. ...
Jetzt konzentriere ich mich auf meinen Rücken. Ich wölbe mein Kreuz nach oben und spüre die Spannung in meinem Rücken. ... Nun lockere ich mich. Mein Oberkörper ist wieder in einer angenehmen Lage, ich genieße diese Entspannung. ... Nun spanne ich meine Rückenmuskeln so, als ob ich mein Kreuz nach oben drücken und ein Hohlkreuz machen wollte. ... Ich löse die Spannung und spüre den Kontrast. ... Jetzt stelle ich mir vor, dass ich mein Kreuz nach oben wölbe, den Druck verstärke und die Spannungsgefühle erlebe. ... Jetzt lenke ich meine Aufmerksamkeit wieder auf die Entspannung. ... Ich lasse die Entspannung sich in meinen Schultern, meinen Armen und meinem Gesicht weiter ausbreiten, sie wird tiefer und tiefer. ...

Bei den Leibübungen haben Sie vielleicht festgestellt, dass der Atem bei den Anspannungen stockte. Das ist kein Fehler, wenn Sie die unterschiedlichen Wahrnehmungen beim Stocken des Atems und beim ruhigem Weiterfließen bewusst mit vollziehen. Der Spannungskontrast in der Atemmuskulatur verstärkt die Leibspannung und unterstützt im Gegenzug den Entspannungseffekt. Wenn der Atem stockt, sollen Sie keinesfalls versuchen, willkürlich zu weiter zu atmen. Willkürliches Ein- und Ausatmen provoziert eine Atemstörung.
Sie können die Entspannung nun wie gewohnt fortsetzen: Entweder bleiben Sie noch einige Zeit in der entspannten Lage oder stellen sich auf ein Musikstück ein oder aktivieren oder setzen Ihr Training mit dem nächsten Übungsabschnitt fort.

4. Übungsteil: Entspannung der Beine und der Gesamtperson

Entspannung der Beine und der Gesamtperson

Ich entspanne mich weiter und genieße dieses Gefühl. ...
Jetzt konzentriere ich meine Aufmerksamkeit auf die Beine. Ich strecke meine Beine aus und spanne mein Gesäß und meine Oberschenkel etwas ... und entspanne. Ich spüre den Unterschied von Anspannung und Entspannung. ... Nun spanne ich meine Bein- und Gesäßmuskeln so an, als ob ich die Beine ausstrecken und etwas anheben wollte ... und löse die Spannungen. ... Ich stelle mir jetzt vor, dass ich mein Gesäß und die Muskeln meiner Schenkel fest anspanne und die Spannung festhalte. ... Ich löse die Spannung und lasse die Entspannung sich weiter ausbreiten. ...
Nun drücke ich meine Füße und Zehen ein wenig nach unten, weg vom Gesicht, so dass meine Wadenmuskulatur gespannt wird. - Jetzt beuge ich meine Füße in Richtung auf mein Gesicht, so dass ich in den Schienbeinen Spannung verspüre ... und lasse meine Füße locker, entspanne meine Waden, meine Schienbeine, meine Knie, die Schenkel, das Gesäß, die Hüften. ... Jetzt spanne ich meine Füße und Zehen so an, als ob ich die Füße und Zehen nach unten drücken wollte, - ich ändere die Spannungsrichtung und spüre den Spannungsunterschied. ... Nun löse ich die Anspannung. ... Nun stelle ich mir vor, dass ich meine Füße und Zehen nach unten drücke, weg vom Gesicht, und spüre die Spannung in meiner Wadenmuskulatur - ich verändere die Spannungsgefühle, indem ich mich auf die Spannung der Zehen in die andere Richtung einstelle ... und lenke meine Aufmerksamkeit wieder auf meine Entspannung. ...
Nun spanne ich alle Körpermuskeln etwas an und spüre die äußere und innere Spannung. ... Ich löse die Anspannung der gesamten Muskulatur und nehme die Erleichterung wahr. ... Jetzt spanne ich alle meine Muskeln willkürlich so an, wie dies unwillentlich in emotionalen Belastungssituationen geschieht. ... Ich lasse die Anspannung los und nehme mir vor, in künftigen Belastungssituationen ähnlich zu verfahren. ... Nun stelle ich mir vor, dass alle meine Muskeln und meine ganze Person in Spannung geraten. Ich verstärke dieses Gefühl und spüre die verschiedenen Spannungszustände. ... Ich beende diese Vorstellung

und denke jetzt nicht mehr an Spannung, sondern richte meine Gedanken nur noch auf Entspannung. ... Die Entspannung dehnt sich aus über meinen Bauch und über meinen Rücken. Sie breitet sich in meinen Beinen, in meinen Armen aus. Meine Schultern und meine Kopfmuskeln lockern sich weiter. Ich bin locker und tief entspannt. ... Ich versichere mich, dass sich in meinem Nacken, in meiner Kehle, in meinem Gesicht keine Anspannung mehr befindet. ... Mein Atem fließt frei und ruhig. ... Ich bemerke ein leichtes Schweregefühl und zunehmende Gelassenheit. Farbgebilde vor meinem inneren Auge können die Gelöstheit verstärken und die Entspannung noch vertiefen. ... Ich erlebe die umfassende Einheit von Seele und Körper. Ich lasse die Entspannung fortbestehen und spüre, wie schwer und ruhig ich bin. ... Mit einem Nebengedanken denke ich an die große Mühe, die es bedeuten würde, wenn ich den rechten Arm heben sollte. ... Ich lenke meine Aufmerksamkeit wieder auf die tiefe Entspannung meiner Person und bleibe weiterhin tief entspannt. ...
Ich möchte jetzt die Übungen beenden, zähle in Gedanken von vier bis null: 4 - 3 – 2 – 1 - 0 - und nehme das Schweregefühl zurück. Ich fühle mich gelassen, erfrischt und angenehm ruhig. ...

Die Aktivierung zum Schluss der Übungen soll nur dann durchgeführt werden, wenn Sie nach den Übungen wieder aktiv und munter sein wollen. Die Art und Weise der Aktivierung soll von jetzt ab Ihnen selbst überlassen sein. Sie können weiterhin so aktivieren, wie es auf Seiten 46 beschrieben ist, oder eine andere Form wählen: Sie brauchen nicht die Arme zu strecken, Sie können auch den Rumpf oder den ganzen Körper strecken. Sie können auch die Spannung so von innen kommen lassen, als ob Sie sich strecken und recken wollten. Sie können sich das gleiche auch vorstellen oder die muskuläre Aktivierung weglassen.
Die Aktivierung hat ja vor allem den Sinn, die zunehmende Müdigkeit, die sich bei tiefergehender Entspannung ausbreitet, wieder rückgängig zu machen.
Wenn Sie in Belastungssituationen kurzzeitige Entspannungsübungen durchführen, wird die Entspannung nicht so tief gehen, dass Schläfrigkeitsgefühle auftreten, so dass die Aktivierung zum Abschluss nicht notwendig ist.
Sie können jetzt die letzte Übung noch einmal wiederholen, Ruhe erleben oder sich auf eines der Musikstücke einstellen, die im folgenden besprochen werden.

Ergänzungsübungen: Entspannung mit Musik

Beim Entspannungstraining für Fortgeschrittene können dieselben Musikstücke verwendet werden wie beim Grundtraining, wenn Sie die Übungen zur Vertiefung der Entspannung verwenden wollen. Die nachfolgend vorgeschlagene Musik wendet sich an Fortgeschrittene und stellt ihre Entspannungsfähigkeit stellenweise auf die Probe. Die vorgeschlagenen Musikstücke sind nämlich etwas aktiver und dynamischer, mit deutlich erkennbaren Lautstärke- und Tonhöhenschwankungen. Diese Musik kann mit ihren Spannungsanstiegen (in der Lautstärke oder Tonhöhe) brauchbare Signale für das Anspannen geben. Das Entspannen soll wie gewohnt nach5 bis 10 Sekunden erfolgen, auch wenn der Spannungsbogen in der Musik noch länger andauert. Trotzdem soll diese Musik Sie nicht erregen oder stärker aktivieren. Sie können den Effekt ausprobieren, indem Sie nach einer Entspannungsübung eins der im folgenden vorgeschlagenen Musikstücke einspielen und die Spannungsveränderungen innerlich mit vollziehen. Verwenden Sie die Musik als Signalgeber für Anspannung und Entspannung.

»Klassische Musik«
Johann Sebastian Bach/Charles Gounod: Ave Maria
Franz Schubert: Impromptu As-dur, op. 142 und B-dur
Ludwig van Beethoven: Für Elise, Albumblatt a-moll
Edvard Grieg: Solveigs Lied (aus Peer Gynt Suite)
Franz Liszt: Liebestraum, Nr. 3, As-dur, op. 62
Serge Rachmaninoff: Prelude D-dur, op. 23 Nr. 4
George Gershwin: Summertime (aus Porgy and Bess)

»Volksweisen«
Guten Abend, gute Nacht
Die Gedanken sind frei
Abendglocken

»Meditative Musik«
Martin Buntrock: Relax (zur musikgeführten Anleitung von PE)
Kitaro: Silk Road (z. B. bei Amazon.de)
Geoff Rowell: Musik für tiefe Entspannung
Musik zum Entspannen (z. B. im 2001-Versand)

»Unterhaltungsmusik«
Enya: May it be
Vengelis: Conquest of Paradise
Cat Stevens: Morning has broken
Paul Simon: Bridge over troubled water
Moody Blues: Nights in white satin
Pink Floyd: Shine on ...
Count Basie: Duet

Auf den Tonträgern für Fortgeschrittene (TE 2C bzw. auf der TE-CD, vgl. Seite 49) sind die folgenden Musikstücke zu hören: Milva: Die Gedanken sind frei. Leonard Cohen: Suzanne. Georges Moustaki: En Mediterranee. Cat Stevens: Morning has broken.

Ihre Entspannungsfähigkeit sollte inzwischen so gut sein, dass die Dynamik in der Musik Sie nicht mehr aus der Ruhe bringen kann. Sollte die Musik Sie nach der zweiten oder dritten Darbietung immer noch stören, mögen Sie entweder die Art der eingespielten Musik überhaupt nicht oder Sie sind in das Grundtraining noch nicht genügend eingeübt. Im ersten Fall werden Sie andere Musik oder keine Musik verwenden, im zweiten Fall das Grundtraining intensivieren. Einen vielversprechenden Ansatz zur Entspannung am Computer zeigt www.pc-relax.de

Es gibt natürlich ungeeignete Musikstücke, auch von den hier genannten Komponisten und Interpreten. Im Zweifelsfall können Sie selbst ausprobieren, ob es Ihnen gelingt, die gerade eingespielte Musik zur Entspannung zu nutzen.

In den meisten Fällen liegt es jedoch nicht an der Art der Musik, wenn die Fortgeschrittenenübungen noch nicht den gewünschten Entspannungseffekt erbringen. Die häufigste Klippe liegt in der Schwierigkeit, von der bisherigen willkürlichen Muskelan- und -entspannung auf die unwillkürliche Ebene überzugehen. Manche sagen: »Da spüre ich gar nichts ...«, ärgern sich vielleicht darüber und kommen nicht in den bereits gewohnten Entspannungszustand hinein. Denken Sie daran: das Training auf der Vorstellungsebene ist etwas qualitativ Neues und bedarf einiger Wochen Einübungszeit, wobei die Entspannungswahrnehmungen wegen der geringeren Spannungskontraste fast immer geringer sein werden. Bei guten Ausgangsbedingungen können Sie die Entspannung während der Vorstellungsübungen auch weiter vertiefen.

Das Entspannungstraining für Fortgeschrittene hat neben der tieferen Entspannungsmöglichkeit auf der Vorstellungsebene das wichtige Ziel, die Entspannungsübungen später in praktisch allen Situationen anwenden und einsetzen zu können.
Die Musikstücke erfüllen verschiedene Funktionen. Sie wirken beruhigend, vertiefen die Entspannung und können zusätzlich zu den Entspannungsübungen das Prinzip der Tiefmuskelentspannung auf musikalischer Ebene zur Geltung bringen. Die Voraussetzungen dafür haben Sie bereits geschaffen, indem Sie schon einige Male Musik im Entspannungszusammenhang erlebt und innerlich Ausspannung und Entspannung mitvollzogen haben. Vielleicht haben Sie dabei bereits die inneren Spannungsveränderungen bemerkt, wenn Tonhöhe oder Lautstärke sich veränderten? Das ist ganz natürlich, wenn Sie sich voll auf Musikstükke einstellen. Sie kennen diese Effekte von dramatischen, pathetischen oder feierlichen Symphonien, Opern oder Liedern. Mitgehen mit der Musik kann insgesamt zur Spannungslösung beitragen, wenn sich nach musikalischen Höhepunkten die Anspannung in ruhigeren und weniger dynamischen Passagen wieder lösen kann.
Im Rahmen des Entspannungstrainings können Sie die Spannungseffekte, die durch Musik hervorgerufen werden, systematisch und bewusst einsetzen. Sobald in einem Musikstück die Lautstärke oder die Dynamik ansteigt, wird dieses »Nach-obengehen« als willkürliche Muskelanspannung mitvollzogen und dann festgehalten. Mit dem Absinken der Lautstärke oder Dynamik lassen Sie die willkürliche Muskelanspannung wieder absinken. Im Idealfall soll die Anspannungsphase rund 10 Sekunden dauern. Es gibt jedoch kein Musikstück (außer „Relax" von M. Buntrock, S. 109), welches diese Bedingungen durchgängig erfüllt. Also lassen Sie nach rund 10 Sekunden die Anspannung los und steigen Sie nach einer ausreichenden Lösungsphase in den nächsten musikalischen Anstieg ein.
Ich habe bei der Auswahl der Musik darauf geachtet, möglichst melodische und bekannte Musikstücke auszuwählen, damit Sie die Melodie mit innerer Beteiligung mit vollziehen können. Natürlich lässt sich über musikalischen Geschmack nicht mit Erfolgsaussichten streiten. Deshalb habe ich mich bemüht, möglichst viele Geschmacksrichtungen zu berücksichtigen. Ich möchte Ihnen damit Anregungen geben und gleichzeitig zeigen, dass sich sogar Soul- oder Jazzmusik im Entspannungszusammenhang verwenden lässt. Ihnen bekannte Musikstücke haben

den Vorteil, dass Sie die Musik gleich an- und entspannend einsetzen können und sich nicht zunächst einzuhören brauchen. Es kommt allerdings nicht jedes Musikstück in Frage. Beethovens Symphonien sind, abgesehen von einigen Passagen, eher ungeeignet, ebenso viele Stücke der oben genannten Komponisten, Sänger und Gruppen. So zeichnen die Titel »Question« von Moody Blues oder »Sweet child in time« von Deep Purple sich durch Melodik und Dynamik aus; sie geben aber zu wenig Raum, die aufgebaute Spannung wieder abzubauen. Auch ein länger gezogener musikalischer Bogen sollte wenigstens die Möglichkeit bieten, die Anspannung nach rund 10 Sekunden kurzzeitig loszulassen, um dann erneut in die Anspannung hineingehen zu können usw.

Jedes Musikstück hat einige geeignete Stellen, die sich zur Unterstützung des Entspannungstrainings nutzen lassen. Ich möchte Sie dazu ermuntern und ermutigen, in Zukunft Dynamikschwankungen, die Sie in irgendwelchen Musikstücken im Radio, im Fernsehen, im Konzert oder auf einer Schallplatte hören, anspannend und entspannend mit zu vollziehen. In der Praxis braucht dies nicht längere Zeit in Anspruch zu nehmen. Es reicht schon aus, wenn Sie nur eine einzige Tonhöhen- oder Lautstärkenveränderung mit vollziehen. Selbst sekundenweise Einstellung auf das PE-Prinzip bringt positive Effekte und macht das Training und den momentanen Entspannungszustand bewusstseinsnäher.

Die musikgeleiteten Übungen können Sie entweder auf der muskulär-willkürlichen oder auf der vorstellungsmäßigen Ebene durchführen. Sobald Ihnen bei diesen kurzzeitigen Einstellungen auf die Entspannungsübungen vorhandene muskuläre oder innere Anspannungen deutlicher werden, können Sie das dabei gehörte Musikstück als Schrittmacher zum weiteren Spannungsabbau verwenden. Sie können die Übungen auch ohne musikalische Führung aus dem Gedächtnis durchführen oder einen Zeitpunkt auswählen, zu dem Sie sich ausführlicher dem Training und Ihrer Entspannung widmen wollen.

Es ist auch möglich, sich bei Ihren Entspannungsübungen auch von dem ruhegetönten Bild einer ausgebreiteten Landschaft oder eines ruhig dahinfließenden Flusses leiten zu lassen. Musikstükke wie »Morgenstimmung« von E. Grieg oder »Die Moldau« von F. Smetana können die Entspannung unterstützen.

Ich hoffe und wünsche Ihnen, dass Sie sich in Zukunft beim Hören eines beliebigen Musikstückes mitunter an Ihr Entspannungstraining erinnern. Dann können Sie das auf-und-ab in der Musik muskulär-willkürlich oder vorstellungsmäßig mit vollziehen und die positiven Effekte spüren. Spannung und Entspannung werden Ihnen bewusster und Entspannung nimmt in Ihrem Leben zu.

Ergebnisse des Entspannungstrainings

Zur Überprüfung Ihrer bisherigen Entspannungsfortschritte können Sie den folgenden Fragebogen verwenden. Füllen Sie ihn rund zwei Wochen nach Trainingsbeginn möglichst spontan aus, ohne lange über die »richtige« Antworten nachzudenken. Da Sie den Fragebogen später noch einmal ausfüllen sollen, empfiehlt es sich, vor dem Ankreuzen Kopien zu machen.
Die Liste der Leiden und Beschwerden entstammt dem Spannungsfragebogen auf Seite 26. Sie können Ihre Ergebnisse mit der früheren Liste vergleichen bzw. den Spannungsfragebogen auf Seite 26 noch einmal dem aktuellen Stand entsprechend ausfüllen und die Ergebnisse miteinander vergleichen.
Das gleiche empfiehlt sich für den Stressfragebogen auf Seite 33 und für den Fragebogen zur Eigenaktivität und Selbststeuerung auf Seite 39.
Sie dürfen sich freuen, wenn die Punktwerte in den genannten Fragebögen abgenommen und im letztgenannten Bogen zugenommen haben. Die Bewertungen finden Sie jeweils hinter den Fragebögen. Dort finden Sie auch Hinweise auf das, was Sie in der nächsten Zeit für einen umfassenden Erfolg noch tun können.
Etwa 3 ½ Monate nach dem ersten Ausfüllen sollen Sie sich diese Fragebögen nochmals vornehmen, die Ergebnisse miteinander vergleichen und Ihre weiteren Handlungsschritte aus dem jeweiligen Ergebnis ableiten.

Nacherhebungsbogen

Trainingsbeginn, Datum: ....

1. Nacherhebung 2 Wochen nach Trainingsbeginn. –
   Datum: ....

2. Nacherhebung nach 4 Monaten. - Datum: ....

3. Nacherhebung nach 1 Jahr. - Datum: ....

Seit wann üben Sie das Progressive Entspannungstraining (PE)?
Seit .... Wochen/Monaten
Sind Ihre Erwartungen erfüllt worden?
ja ( ); bedingt ( ); nein ( ).
Wie oft haben Sie geübt?
Regelmäßig ( ); anfangs regelmäßig, jetzt unregelmäßig ( );
unregelmäßig ( ); selten ( ); gar nicht ( ).
Benutzen Sie eine Tonanleitung?
ja ( ); nein ( ); Wie oft? .....x wöchentlich.
Können Sie das gelernte in Belastungssituationen bereits anwenden?
ja ( ); bedingt ( ); nein ( ).
Womit kommen Sie beim Trainieren noch nicht zurecht?
....

	meistens	manchmal	nein
Bemerken Sie während der Übungen eine			
Schwereempfindung	( )	( )	( )
Wärmeempfindung	( )	( )	( )
Kribbeln oder Prickeln	( )	( )	( )
Müdigkeit	( )	( )	( )
Gelöstheit	( )	( )	( )
Anderes	( )	( )	( )

Haben sich Ihre Leiden und Beschwerden seit Trainingsbeginn verändert? Füllen Sie zur differenzierten Nacherhebung den folgeden Spannungsfragebogen 2 aus.

Spannungsfragebogen 2

Welche der folgenden Leiden/Beschwerden haben sich seit Trainingsbeginn

	sehr gebessert	etwas gebessert	nicht gebessert
1. Innere Unruhe	( )	( )	( )
2. Reizbarkeit/Nervosität	( )	( )	( )
3. Einschlafschwierigkeiten	( )	( )	( )
4. Durchschlafprobleme	( )	( )	( )
5. Starkes Schlafbedürfnis	( )	( )	( )
6. Mattigkeit/Schwächegefühl	( )	( )	( )
7. Abgespanntheit	( )	( )	( )
8. Muskelverspannungen	( )	( )	( )
9. Kreuz-/Rückenschmerzen	( )	( )	( )
10. Zittrigkeit	( )	( )	( )
11. Konzentrationsprobleme	( )	( )	( )
12. Aufsteigende Hitze	( )	( )	( )
13. Schweißausbrüche	( )	( )	( )
14. Schwindelgefühle	( )	( )	( )
15. Kopfschmerzen	( )	( )	( )
16. Echte Migräne	( )	( )	( )
17. Berufliche Sorgen	( )	( )	( )
18. Private Sorgen	( )	( )	( )
19. Seelische Konflikte	( )	( )	( )
20. Angstgefühle	( )	( )	( )
21. Schwere Träume	( )	( )	( )
22. Krampfhaftes Weinen	( )	( )	( )
23. Beklemmungsgefühle	( )	( )	( )
24. Kloß-/Würgegefühl	( )	( )	( )
25. Übelkeit	( )	( )	( )
26. Herzschmerzen	( )	( )	( )
27. Herzjagen/Herzstolpern	( )	( )	( )
28. Kreislaufbeschwerden	( )	( )	( )
29. Kalte Hände/Füße	( )	( )	( )
30. Magenbeschwerden	( )	( )	( )
31. Verdauungsbeschwerden	( )	( )	( )
32. Atembeschwerden	( )	( )	( )
33. Grübeln über die Krankheit	( )	( )	( )
34. Umgang mit Problemen	( )	( )	( )
35. Problemdruck	( )	( )	( )

Vgl. Sie die Eintragungen in dieser Liste mit denen auf Seite 26.

Der Autor führte in einer Rehabilitationsklinik regelmäßig Kurse im progressiven Entspannungstraining durch. Die Kurse dauerten 2 Wochen für das Grundtraining. Die Kurszeiten betrugen fünf mal in der Woche ½ Stunde. Das Fortgeschrittenentraining schloss sich an. 2 Wochen nach Trainingsbeginn füllten die Teilnehmer den 1. Nacherhebungsbogen aus, der dem auf den Seiten 114-115 abgebildeten entspricht. Die nachfolgend aufgeführten Auswertungsergebnisse sind die Resultate einer Erhebung, für deren Auswertungsarbeit meiner Mitarbeiterin Frau Doris Schirmacher besonderer Dank gebührt. An dieser Stelle möchte ich auch meiner Kollegin Frau Marianne Trappe für ihre wertvollen Hinweise bei der Erstellung dieses Buches danken.
Bei den Untersuchungsergebnissen wurden alle TeilnehmerInnen berücksichtigt, die den Kursus abgeschlossen haben. Die Stichprobengröße betrug 200. Die Rücklaufquote bei der 1. Nachbefragung betrug nach Erinnerungsschreiben 99%, bei der 2. Nachbefragung 84% und bei der 3. Nachbefragung 62%. Hier die Resultate im einzelnen:

Ergebnisse der 1. Nachbefragung
(2 Wochen nach Trainingsbeginn)
Übungshäufigkeit: regelmäßig: 65,5 %; unregelmäßig: 29,5 %; selten: 4,5%; anderes: 0,5%.

	meistens	manchmal	nein	keine Ang.
Bemerken von Schwereempfindung	44%	32%	9%	15%
Wärmeempfindung	29%	27%	24%	20%
Kribbeln oder Prickeln	20%	30%	27%	23%
Müdigkeit	51%	28%	9%	12%
Gelöstheit	58%	25%	7%	10%

Das Ausmaß der zustande gekommenen Veränderungen der psychovegetativen Störungen möchte ich mit denjenigen vergleichen, die nach dem Erlernen des Autogenen Trainings zu verzeichnen sind. Dazu wird die Liste verwendet, die bei den Nacherhebungen zum Autogenen Training bei 420 Klienten Einsatz fand. Die Besserungsquoten sind in Prozent derjenigen Klienten ausgedrückt, die unter der jeweiligen Störung litten.

	sehr gebessert		etwas gebessert		gebessert (Zusammenf. von sehr u. etwas geb.)	
	PE	**AT**	**PE**	**AT**	**PE**	**AT**
1. Reizbarkeit	29%	21%	49%	42%	78%	63%
2. Nervosität	23%	21%	53%	41%	76%	62%
3. Schlafstörungen	17%	16%	31%	36%	48%	52%
4. Abgespanntheit	37%	21%	37%	36%	74%	57%
5. Muskelverspann.	29%	18%	49%	40%	78%	58%
6. Innere Unruhe	22%	24%	47%	38%	69%	62%
7. Aufsteigende Hitze	28%	17%	34%	31%	62%	48%
8. Schweißausbrüche	20%	15%	37%	27%	57%	42%
9. Schwindelgefühle	16%	17%	43%	29%	59%	46%
10. Zittrigkeit	21%	18%	42%	34%	63%	52%
11. Kopfschmerzen	39%	24%	31%	26%	70%	50%
12. Mattigkeit	21%	10%	43%	36%	64%	46%
13. Konzentr.schw.	9%	7%	50%	32%	59%	39%
14. Beklemm.gefühle	18%	16%	53%	37%	71%	53%
15. Sorgen/Konflikte	14%	11%	46%	31%	60%	42%
16. Angstzustände	30%	17%	44%	38%	74%	55%
17. Weinen	37%	24%	34%	33%	71%	57%
18. Kloßgefühl	37%	12%	32%	25%	69%	37%
19. Herzbeschwerden	22%	17%	39%	29%	61%	46%
20. Kreislaufbeschw.	23%	15%	41%	31%	64%	46%
21. Magenbeschw.	48%	15%	26%	35%	74%	50%
22. Verdauungsbeschw.	23%	9%	28%	15%	51%	24%
23. Atembeschwerden	27%	19%	39%	31%	66%	50%

Die Ergebnisse sind für das Progressive Entspannungstraining (PE) und das Autogene Training (AT) jeweils nebeneinander aufgeführt.

Wie Sie sehen, ist das Progressive Entspannungstraining dem Autogenen Training 2 Wochen nach Trainingsbeginn in fast allen Punkten überlegen. Dieses Ergebnis darf jedoch nicht überbewertet werden; die Anlaufschwierigkeiten beim Autogenen Training sind nämlich größer als beim Progressiven Entspannungstraining. Bei der 2. Nachbefragung (4 Monate nach Trainingsbeginn) sehen die Ergebnisse dann erwartungsgemäß zugunsten des Autogenen Trainings verändert aus: Die Besserung der psychovegetativen Beschwerden bei den autogen trainierten

Klienten hat die Besserungen bei der PE-Gruppe übertroffen. Die Übungshäufigkeit ist bei der PE-Gruppe geringer als bei der AT-Gruppe.
Diese Ergebnisse legen die Vermutung nahe, dass die PE-Trainierenden die Erfolge am Anfang des Kursus leichter erzielten, aber das Gelernte bald wieder zu versanden beginnt. Dies kann leicht passieren, wenn PE nur als mechanisches Entspannungsmittel gesehen wird, das man wie ein Modeschmuckstück beiseite legen kann. Weitere Besserungen der psychovegetativen Störungen und der Anspannungsursachen kommen dann nicht zustande und die wichtigsten Entspannungseffekte sind rückläufig.
Es sollte allerdings beachtet werden, dass bereits nach 2 Wochen ein außerordentlich gutes Ergebnis erreicht wird. Was die Wahrnehmung der Entspannungseffekte anbelangt, ist deren Rückgang teilweise damit zu erklären, dass die Kontraste zwischen den tatsächlichen und den provozierten Anspannungen im Verlauf des Trainings abnehmen. Sie erinnern sich an die Gesetzmäßigkeit für Körperwahrnehmungen: je größer der Kontrast, um so intensiver ist die Empfindung. Je geringer der Kontrast mit zunehmender Entspannung wird, um so geringer wird das Ausmaß der Empfindungen.

Ergebnisse der 3. Nachbefragung
(1 Jahr nach Trainingsbeginn)
Übungshäufigkeit: regelmäßig: 14%; anfangs regelmäßig, jetzt unregelmäßig: 46%; unregelmäßig: 20%; selten: 19%, gar nicht: 1%.

	meistens	manchmal	nein	k. Ang.
Bemerken von Schwereempfindung	38%	26%	31%	5%
Wärmeempfindung	25%	24%	40%	11%
Kribbeln od. Prickeln	15%	21%	51%	13%
Müdigkeit	39%	35%	17%	9%
Gelöstheit	50%	31%	18%	1%

Zum Abschluss der statistischen Ausführungen folgt nun eine vergleichende Zusammenstellung der Symptombesserungen in einer Rangreihe:

	gebessert (**2 Wochen** nach Kursusbeginn)		gebessert (**4 Monate** nach Kursusbeginn		gebessert (**1 Jahr** nach Kursusbeginn)	
	PE	**AT**	**PE**	**AT**	**PE**	**AT**
1. Reizbarkeit	78%	63%	74%	82%	74%	88%
2. Muskelverspann.	78%	58%	77%	71%	66%	81%
3. Nervosität	76%	62%	69%	84%	66%	88%
4. Magenbeschwerden	74%	50%	75%	69%	67%	87%
5. Angstzustände	74%	55%	72%	72%	63%	89%
6. Abgespanntheit	74%	57%	69%	73%	60%	83%
7. Weinen	71%	57%	74%	84%	77%	88%
8. Beklemm.gefühle	71%	53%	71%	68%	63%	89%
9. Kopfschmerzen	70%	50%	68%	67%	69%	84%
10. Kloßgefühl	69%	37%	71%	69%	76%	89%
11. Innere Unruhe	69%	62%	68%	82%	61%	85%
12. Atembeschwerden	66%	50%	64%	72%	59%	89%
13. Mattigkeit	64%	57%	62%	61%	55%	77%
14. Kreislaufbeschw.	64%	46%	66%	60%	50%	72%
15. Zittrigkeit	63%	52%	69%	73%	65%	88%
16. Aufsteig. Hitze	62%	48%	66%	71%	65%	84%
17. Herzbeschwerden	61%	46%	64%	63%	53%	72%
18. Sorgen/Konflikte	60%	42%	55%	69%	59%	78%
19. Konzentrat.schw.	59%	39%	68%	59%	59%	81%
20. Schwindelgef.	59%	46%	67%	70%	56%	79%
21. Schweißausbr.	57%	42%	68%	65%	60%	84%
22. Verdauungsbeschw.	51%	24%	57%	46%	66%	70%
23. Schlafstörungen	48%	52%	68%	78%	65%	82%
Durchschnittliche Besserungen:	66%	50%	68%	70%	63%	83%

Bekanntlich tragen auch Rehabilitationskuren ohne gezieltes Entspannungstraining zur allgemeinen Entspannung bei. Um diesen Effekt zu quantifizieren haben wir auch die Patienten nachuntersucht, die am Entspannungstraining teilnehmen sollten, dies aber wegen Abwesenheit des Psychotherapeuten nicht konnten. Die zusammengefassten Ergebnisse dieser Kontrollgruppe sind zusammen mit den Vergleichszahlen der PE-Gruppe und der AT-Gruppe in der folgenden Abbildung wiedergegeben.
Bei den Anfangserfolgen spielt der allgemeine Rehaeffekt eine besondere Rolle. Auffallend ist die anfängliche Spitzenstellung der PE-Gruppe und das spätere Stagnieren bei den Symptomver-

Behandlungs-gruppe:	Symptomveränderungen im Durchschnitt		
	»gebessert« nach **2 Wochen**	»gebessert« nach **4 Monaten**	»gebessert« nach **1 Jahr**
Progressives Entspannungstraining	66%	68%	63%
Autogenes Training	50%	70%	83%
Kontrollgruppe (Rehabilitationskur)	42%	41%	37%

Abb. 38: Besserungen von psychovegetativen Störungen

besserungen. Die AT-Gruppe nimmt am Anfang eine Mittelstellung ein und zeigt zu jedem späteren Überprüfungszeitpunkt beachtenswerte Fortschritte.

Die weiteren Fortschritte, die bei den autogen Trainierten zu verzeichnen sind, hängen zum einen mit der größeren Übungskonsequenz und zum anderen mit der zunehmenden Selbstverantwortung zusammen, die diese Menschen im Zusammenhang mit dem psychosomatischen Seminar für Autogenes Training übernommen haben. Die psychosomatischen, ganzheitlichen und selbstverantwortlichen Gesichtspunkte wurden zum Zeitpunkt der Datenerhebung bei der PE-Gruppe noch nicht besonders beachtet. Die hier referierten Untersuchungsergebnisse weisen allerdings auf die Notwendigkeit dieser Ergänzung hin.

Im vorliegenden Text finden Sie immer wieder Aufforderungen und Anleitungen, die eine umfassende ganzheitliche Absicherung als Ergänzung zum Entspannungstrainings ermöglichen. Das Ziel ist neben der Symptomverbesserung das Aufarbeiten von Anspannungsursachen. Danach sind mehr Gelassenheit, zunehmende Lebensqualität und auch weitere Symptomverbesserungen auf einer dann ausgeglicheneren Grundlage möglich.

Kurzfassung des Entspannungstrainings

Wenn Sie die Entspannungsübungen aus dem Gedächtnis heraus durchführen, sind Sie in der Reihenfolge und Kombination der Übungen völlig frei. Auch die Art und Weise der An- und Entspannung können Sie je nach Situation frei wählen.
Es folgt nun eine Kurzfassung zur Durchführung der Übungen auf der Vorstellungsebene. Diese Anleitungen können Ihnen auch als Muster zur Durchführung der Übungen auf der muskulär-willkürlichen Ebene dienen.

Progressive Entspannung auf der Vorstellungsebene

Entspannung der Arme

Ich spüre und lockere jetzt meine Schulter-, Arm- und Handmuskeln, so gut es im Moment möglich ist. ...
Ich spüre jetzt meine Hände und stelle mir nur vor, dass ich meine Hände zu Fäusten schließe, ohne dies aktiv zu tun. Ich spüre die innere Spannung ... und entspanne wieder. ...
Nun stelle ich mir vor, dass ich die Ellenbogen beuge und die Armmuskeln anspanne. Ich achte auf meine Empfindungen. ...
Nun löse ich die innere Spannung wieder. Ich entspanne meine Arme und erlebe die wohltuende Erleichterung. ...
Jetzt stelle ich mir vor, dass ich meine Hände herumdrehe, Hände und Unterarme nach unten drücke und die zunehmende Spannung spüre. ... Nun entspanne ich wieder und erlebe den Unterschied. ...
Die Entspannung breitet sich weiter aus. ...

Entspannung von Gesicht und Schultern

Ich konzentriere mich auf mein Gesicht und stelle mir vor, dass ich die Augenbrauen anhebe und meine Stirn sich in Falten legt. - Nun wechsle ich die Spannungsrichtung, indem ich in Gedanken die Augenbrauen nach unten ziehe. ... Ich höre mit dieser Vorstellung auf und stelle mich auf die Entspannung meiner Stirn und Augenbrauen ein. ...

Diesmal stelle ich mir vor, dass ich die Augen zusammendrücke, - lasse die Spannungsgefühle auf die Stirn übergehen, ... höre mit diesem Gedanken auf und erlebe die sich ausbreitende Entspannung. ...
Nun stelle ich mir vor, dass ich die Kiefer gegeneinanderpresse und den Druck spüre. - Ich dehne die Spannungsgefühle auf die Lippen aus. ... Jetzt lenke ich meine Gedanken in die andere Richtung und stelle mich auf wohltuende Entspannung ein. ...
Jetzt stelle ich mir vor, dass ich meinen Kopf nach hinten drükke, - dass ich den Kopf nach rechts drücke,- ich erlebe den Wechsel der Spannungsgefühle. - Ich stelle mir vor, dass ich den Kopf nach links drücke und spüre, wie die Spannung erneut wechselt. ... Nun stelle ich mich wieder auf Entspannung ein und erlebe die Entlastung. ...
Ich lasse die Entspannung sich weiter ausbreiten. ...

Entspannung der Atmung und des Leibes

Ich stelle mich auf meine Atmung ein und erlebe das wechselnde Aus- und Einatmen. Ich beachte besonders das Ausatmen und spüre die Entspannung, wenn der Atem ausströmt. ...
Jetzt stelle ich mir vor, ich atme so tief ein, dass Brust und Bauch sich wölben, - ich den Atem anhalte ... und die Luft wieder frei ausströmen kann. Die Entspannung breitet sich wieder aus. ...
Nun stelle ich mir vor, dass ich die Schultern hochziehe und die Spannung festhalte, - in Gedanken presse ich mein Kinn gegen die Brust und erlebe das leichte Engegefühl. ... Nun entspanne ich und spüre die Befreiung. ...
Jetzt stelle ich mir vor, dass ich den Bauch nach außen drücke und die Bauchmuskeln fest und hart werden, - ich wechsle das Spannungserleben, indem ich mich auf das Einziehen des Bauches konzentriere ... und stelle mich wieder auf die Entspannung ein. Beim Ausatmen spüre ich die rhythmische Zunahme der Entspannung.
Jetzt stelle ich mir vor, dass ich mein Kreuz nach oben wölbe, den Druck verstärke und die Spannungsgefühle erlebe. ... Jetzt lenke ich meine Aufmerksamkeit wieder auf die Entspannung und spüre, wie sie sich weiter ausbreitet. ...

Entspannung der Beine und der Gesamtperson

Ich lenke meine Aufmerksamkeit zu meinen Beinen und stelle mir vor, dass ich mein Gesäß und die Muskeln meiner Schenkel fest anspanne und die Spannung festhalte. ... Ich löse die Spannungsgefühle und lasse die Entspannung sich ausbreiten. ...
Nun stelle ich mir vor, dass ich meine Füße und Zehen nach unten drücke, weg vom Gesicht, ich spüre die Spannung in meiner Wadenmuskulatur. - Ich verändere die Spannungsgefühle, indem ich mich auf die Spannung der Zehen in die andere Richtung einstelle ... und löse die Anspannung. ...
Nun stelle ich mir vor, dass alle meine Muskeln und meine ganze Person in Spannung geraten, ich verstärke dieses Gefühl und spüre die verschiedenen Spannungszustände. ... Ich beende diese Vorstellung und denke jetzt nicht mehr an Spannung, sondern richte meine Gedanken wieder auf wohltuende Entspannung. ...
Die Entspannung breitet sich schrittweise in meinem ganzen Körper aus; ich nehme die einzelnen Entspannungsgefühle bewusst wahr und genieße sie. ...

Falls eine tiefgehende Entspannung mit Schwere- oder Müdigkeitsgefühl zustande gekommen ist, aktivieren Sie wie gewohnt. Wenn Sie die Übungen in aktuellen Belastungssituationen einsetzen, wird das jeweilige Spannungsniveau nur ein Stück weit gesenkt. Normalerweise ist die Entspannung dann nicht so tief, dass Sie anschließend aktivieren müssten.
Im Alltag können Sie auch einzelne Übungen kurzzeitig durchführen. Es empfiehlt sich die Auswahl derjenigen Bereiche, in denen Sie gerade Verspannungen spüren. Sie können dann die bereits vorhandene Anspannung auf der gewünschten Bearbeitungsebene kurz verstärken und danach loslassen.
Sie haben gelernt, in den Kreisprozess der Verspannungen einzugreifen und begonnen die Verspannungsspirale mit Entspannung und Problembearbeitung aufzulösen (vgl. Abb. 39).

Abb. 39: Kreisprozess der Verspannungen

Ein besonderes Programm zum systematischen Angstabbau soll sich abschließend diesem häufigen Problem- und Verspannungsthema widmen.

Die eingeübte Entspannung nutzen Sie dabei und können sie bereits nach wenigen Trainingswochen vor bzw. in emotional belastenden Situationen hervorrufen. Gehen Sie pragmatisch vor und wählen Sie jeweils die Vorgehensweisen, mit denen Sie zu den besten Entspannungsergebnissen kommen.

Progressives Entspannungstraining und systematischer Angstabbau

Die Ursachen von Verspannungen sind häufig in Ängsten zu suchen und zu finden. Ängste führen zu Überspannungen und ernsten psychischen, geistigen sowie körperlichen Störungen. Der Spannungszusammenhang zeigt die Bedeutung des Entspannungstrainings beim Angstabbau. Das Progressive Entspannungstraining spielt bei dem hier dargestellten verhaltenstherapeutischen Programm eine entscheidende Rolle.
Bevor ich Ihnen dieses Programm zum Abbau von gelernten Ängsten (Phobien) im einzelnen vorstelle, möchte ich noch einige grundlegende Erläuterungen zum Phänomen Angst geben.

Erscheinungsformen von Angst

Die Angstfähigkeit ist eine wichtige Eigenschaft des Menschen Ja, Sie haben richtig gelesen, die Angstfähigkeit ist als Grundausstattung durchaus positiv zu sehen. Was ist Angst und welchen Sinn hat sie?
Angst hängt mit Enge zusammen, wie die lateinischen Worte Angustus und Angina zeigen; das griechische Wort Angchein bedeutet Würgen und macht den Gefühlsaspekt der Engewahrnehmung bei der Angst deutlich.
Vom Gefühl her gesehen ist Angst gleichbedeutend mit dem Erleben von Bedrohung. Wenn der Betroffene keine geeigneten Reaktionen findet, kommen Hilflosigkeitsgefühle und Panik hinzu, daraus entstehen körperliche Fehlreaktionen und die Handlungsfähigkeit wird zusätzlich beeinträchtigt.
Angst macht sich außer im Gefühlsbereich auch körperlich bemerkbar: es findet eine Aktivierung im Hormonhaushalt statt und

es kommt zur Spannungssteigerung im vegetativen Nervensystem, wodurch u. a. Herzschlag, Atemfrequenz, Stoffwechsel beschleunigt und die Muskeln angespannt werden (vgl. Abb. 4 auf Seite 21).
In Gefahrsituationen ist die Aktivierung sehr sinnvoll, um der Gefahr körperlich entgegentreten zu können. Neben der Erhöhung des Aktivitätsniveaus wird auch die Wahrnehmung verbessert, was z. B. im Straßenverkehr von Bedeutung ist.
Die körperliche Aktivierung eröffnet die Möglichkeit, kraftvoll mit Angriff oder Flucht zu reagieren, was für die Menschen in der Steinzeit sicher wichtiger war als für den Zivilisationsmenschen. Für den heutigen Menschen sind die biophysischen Aktivierungen sogar schädlich, wenn die aufgebauten Energiereserven nicht durch körperliche Betätigung wieder abgebaut werden.
Bei stärker werdender Angst verschärft sich das Bild: es werden noch mehr nicht benötigte Aktivitätspotentiale bereitgestellt, aber die Reaktions- und Handlungsmöglichkeiten nehmen ständig ab.
Eine optimale Handlungsfähigkeit besteht bei leichter Angstspannung (vgl. Abb. 40).

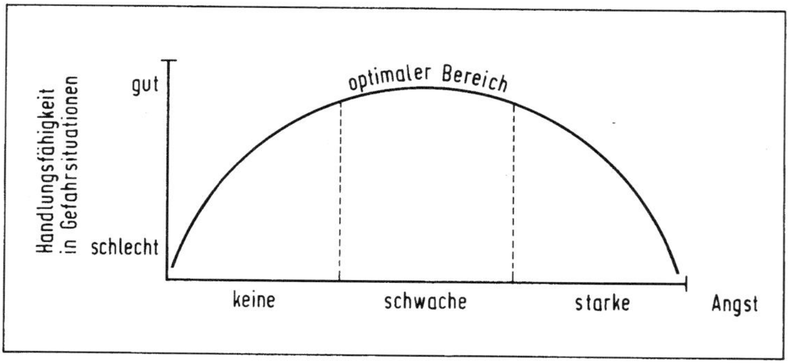

Abb. 40: Angststärke und Handlungsfähigkeit

Bei stärkerer Angst kommt es zum Energiestau und zur Handlungsblockade. Bei extremer und chronischer Angst brechen die psychosomatischen »Sicherheitsventile« und es werden Bereiche mit Schmerzen und Krankheiten überflutet, die zunächst nur mittelbar beteiligt waren. In solchen Gefahrsituationen, in denen die körperliche Flucht erwünscht aber blockiert ist, wird die

Flucht in vielen Fällen ins Seelische verschoben. Folgen solcher in seelische Bereiche fehlgeleiteten Fluchtversuche sind abgespaltete Ängste, psychovegetative Störungen oder psychosomatische Erkrankungen.

Die Abb. 41 auf der nächsten Seite soll die hier besprochenen Zusammenhänge verdeutlichen und günstige Reaktionsweisen beim Umgang mit Ängsten aufzeigen.

Die körperliche Aktivität könnte als überlegter Rückzug oder selbstbewusstes Entgegentreten stattfinden. Auch Entspannungsübungen können zum Abbau aufgestauter Energien beitragen. Sie können auch einmal um den Block laufen, Gartenarbeit erledigen oder sich vorbeugend einem Sportverein anschließen bzw. regelmäßig ein Bewegungshobby ausüben. Die sportliche Betätigung soll an die Bedingung geknüpft sein, dass dadurch nicht Leistung, sondern Entlastung, Ausgleich, Freude und damit Entspannung zunehmen sollen.

Auf der geistigen Ebene kann die Bewältigungsstrategie so aussehen, dass Sie zunächst das vordergründige Angstthema und dann die eventuell vorhandene, aber verdrängte Hintergrundangst analysieren. Bei Herzängstlichkeit liegt wahrscheinlich keine Angst vor dem Organ Herz vor, sondern eher die unreflektierte Angst vor Einschränkungen, vor Schmerzen, vor einem wertlosen Leben oder vor dem Sterben.

Engeangst (Klaustophobie), die sich z. B. als Panik in Aufzügen oder Tunnels zeigt, ist nicht primär die Angst vor bestimmten engen Räumen. Primär hat der Klaustrophobiker Angst vor einer irgendwie festgefahrenen Lebenssituation. Mit Vermeidung und verschobenen Ängsten verhindert er eine Lösung. Zur Lösung der Ängste ist das Erkennen, Sich-nähern, Anfassen und Bearbeiten der Angstthemen notwendig. Dies kann mit Hilfe von Gesprächen mit Bekannten oder Personen der psychosozialen Versorgung geschehen. Dabei soll es um Aussprachemöglichkeiten und aufarbeitende Beschäftigung mit dem Angstthema gehen und weniger um Ratschläge und Lösungshinweise. Bei Gesprächen über Angstthemen ist darauf achten, geistig und emotional beim Thema zu bleiben und keine Fluchtmöglichkeiten durch Ablenkung, Themenwechsel oder Beschwichtigungen wie »Es ist doch nicht so schlimm« zuzulassen .

Der wichtigste Gesichtspunkt bei der emotionalen Verarbeitung von Angstphänomenen ist das gezielte und gewollte Zulassen von Angstgefühlen, weil die Angst nur so der schrittweisen Bewältigung zugänglich gemacht werden kann. Jede Vermeidung

	Flucht	**Bewegungslosigkeit**	**Angriff**
Körperlich	Körperliche Aktivität (Weglaufen)	Körperliche Inaktivität *(sich tot stellen, sterben)*	Körperliche Aktivität (kämpfen, entgegentreten)
Geistig	Geistige Abwehr und Rückzug *(Verfolgungswahn)*	Geistige Blockade *(Gedankensperre)*	Geistige Verarbeitung (sich bewusst dem Gegenstand der Angst stellen bzw. das Problem analysieren)
Seelisch	Seelische Flucht und Vermeidungsversuche *(Phobie, Zwangsneurose, Alkoholmissbrauch, Kopfschmerz, Asthma, Magengeschwür u. a.)*	Seelisches Festgefahrensein *(Depression)*	Emotionale Verarbeitung (sich in die Angstthematik hineinfallen lassen oder sich schrittweise dem Gegenstand der Angst annähern.) Mögliche Therapieform: Systematische Desensibilisierung mit Entspannungstraining)

Abb. 41: Reaktionsmöglichkeiten bei Ängsten und Konflikten
(In Klammern stehen jeweils konkrete Beispiele.)
Die günstigsten Verhaltensweisen sind eingerahmt.

und Flucht vor der Hintergrundangst führt zur Verstärkung der vorgeschobenen Ängste oder zu Krankheiten.

Diese Gefahren bestehen nur, wenn die innere Flucht vor Ängsten stattfindet. Viele Ängste und Probleme verblassen im Laufe der Zeit und werden durch zunehmende Gewöhnung weniger belastend.

Bei der gezielten Auseinandersetzung mit Ängsten werden Verhaltens- und Einstellungsänderungen angestrebt. Bei der hier beschriebenen systematischen Desensibilisierung von Ängsten geht es besonders um den Abbau der physiologischen, geistigen und emotionalen Komponenten und deren Folgen bei inadäquater Angst.

Welche Menschen leiden unter solchen Ängsten und um welche Angstthemen handelt es sich bevorzugt?

Der Prokurist, der seit seiner Beförderung nicht über Brücken fahren kann.

Die Designerin, die Kontakte zu Mitmenschen immer mehr meidet, weil sie Angst hat zu erröten.

Die Hausfrau, die seit der Geburt ihres ersten Kindes Panikgefühle in Aufzügen entwickelt.

Der arbeitslose Kaufmann, der in Kaufhäusern Schweißausbrüche bekommt.

Die Sekretärin, die eine Zitter- und Schüttellähmungsangst entwickelt, nachdem sie in einer Überlastungssituation den Bleistift nicht ruhig halten konnte.

Das Kind, das nach einem bestimmten Erlebnis Wasser- oder Dunkelangst entwickelt.

Die vielen Mitmenschen, die vor Spinnen oder Mäusen eine bis zur Panik gehende Angst entwickeln.

All diese Ängste wurden entweder von einem Modell (Vater, Mutter, Bekannte) gelernt, mit einer bestimmten Situation verknüpft (Situation, in der Erröten bzw. Zittern auftraten) oder auf eine zunächst neutrale Situation verlagert (Brücken bzw. Kaufhäuser).

Die Verknüpfungs- oder Verlagerungszusammenhänge sind in den vorstehenden Beispielen angedeutet. Die Zusammenhänge müssen nicht exakt in der hier angedeuteten Art und Weise auftreten, es sind viele andere Kombinationen möglich. Die Verhaltensanalyse zeigt die jeweilig zutreffenden Zusammenhänge.

Die Entstehungsgeschichte der Phobien ist meist komplexer, als hier dargestellt. Die individuelle Lerngeschichte, das soziale

Umfeld, stufenweise Entwicklungen und zusätzliche Konditionierungen spielen eine Rolle.
Wer sich über Modelle zur Angstentwicklung und Angsttherapie noch genauer informieren möchte, kann dies mit Hilfe folgender Bücher tun:
G. Hennenhofer/ K. Heil: Angst überwinden, 2000
H.-R. Lückert: Leben ohne Angst und Panik, 2000
A.-M. Tausch: Gespräche gegen die Angst, 1997
H.-U. Wittchen: Ratgeber Angst, 1995
D. Wolf: Ängste verstehen und überwinden, Mannheim, 2000

Allgemeingültig ausgedrückt wurzeln Ängste in auslösenden Situationen oder Erlebnissen. Sie werden meistens klassisch oder operant (s. u.) mit einem Aspekt der angstauslösenden Situation verbunden. Es werden Vermeidungsstrategien aufgebaut. Die durch die Vermeidungsstrategie abgespaltene Angst wird unangemessen stark und dauerhaft. Die Phobie hat die Tendenz zur Ausbreitung auf ähnliche Situationen und Lebensbereiche.
Das Modell der klassischen Konditionierung, das allen Phobien zugrunde liegt, geht auf den russischen Physiologen I. Pawlow zurück. Er zeigte bei Hunden, die ebenso wie Menschen beim Anblick von Speisen mit Speichelsekretion reagieren, dass die Speichelsekretion auch dann auftreten kann, wenn ein Glockenton erklingt. Die klassische Konditionierung kommt dadurch zustande, dass der Glockenton einige Male zusammen mit dem Futter dargeboten wird (siehe Abb. 42).

1. Futtersehen	⇨ Speichelsekretion
2. Futter sehen + Glockenton	⇨ Speichelsekretion
3. Glockenton allein	⇨ Speichelsekretion

Abb. 42: Modell der Klassischen Konditionierung

Auf ein Angstbeispiel übertragen, sieht das Modell folgendermaßen aus:

1. Lautes undefinierbares Geräusch oder Schreien	⇨ Schreck und Angst
2. Lautes Geräusch und Spinne	⇨ Schreck und Angst
3. Spinne allein	⇨ Schreck und Angst

Die meisten Entstehungsgeschichten phobischer Ängste sind vielschichtiger:

Situation	Folgen
1. Geburtstagsempfang beim neuen Chef	Angst (vor Blamage) ⇨Innere Unruhe, Magendruck »Inneres Zittern«
2. Geburtstagsempfang + Glas in der Hand halten und sich beobachtet fühlen	Angst (vor Blamage) ⇨Innere Unruhe, Magendruck Leichtes Zittern der Hand
3. Glas in der Hand halten und sich beobachtet fühlen	Angst (vor Blamage) ⇨Innere Unruhe Angst vor Zittern Zittern der Hand

In diesem Beispiel sind es vor allem die Erwartungsängste, die daraus resultierenden Flucht- bzw. Vermeidungsversuche, die überhöhte Spannungspotentiale aufbauen und negative Gedanken wie »Hoffentlich zittere ich nicht«, die die Angst und das Zittern weiter zunehmen lassen. Die Angst macht sich im Körper mit Verspannungen oder gar Verkrampfungen sowie mit erhöhter Atem- und Herzfrequenz bemerkbar. Die Wahrnehmung dieser unerwarteten Veränderungen kann die Angst weiter steigern und zu psychosomatischem Kontrollverlust, d. h. zu Gesundheitsstörungen bzw. Krankheiten führen.
Bei operant konditionierten Ängsten werden die Ängste durch die (positiven) Konsequenzen verstärkt, die einer bestimmten Situation folgen.

Beispiel:

Chef wünscht Überstunden	⇨	Fühle mich überlastet, kann aber nicht Nein sagen, weil ich Angst vor Imageverlust habe	⇨	Durch Lob und Geld wird meine Zusage verstärkt. Die Unsicherheit und die Angst werden dadurch momentan gemildert, auf Dauer gesehen aber wegen der ungelösten Konfliktsituation verstärkt.

Solche operant konditionierten Ängste müssen anders behandelt werden als klassisch konditionierte Ängste. Die einzelnen Glieder der Kette müssen hinterfragt und aus dem Ergebnis die Änderungsschritte abgeleitet werden: Warum fragt der Chef gerade mich? Wodurch fühle ich mich überlastet? Ist es tatsächlich die Arbeit oder sind es persönliche Schwierigkeiten oder irrige Interpretationen? Warum kann ich schwer nein sagen? Ist mein Selbstwertgefühl so wenig gefestigt, dass Ansehen und Image eine so bedeutende Rolle spielen? Wodurch kann ich mein Selbstwertgefühl erhöhen? Wie kann ich auf anderem Wege Lob, Anerkennung und Zufriedenheit erlangen?
Das Entspannungstraining kann helfen, ruhiger und gelassener an die Lösung der hier anstehenden Fragen heranzugehen. Eine systematische Desensibiliserung kommt bei operant konditionierten Ängsten nicht in Frage.
Mit der speziellen Technik der Systematischen Entängstigung können Ängste abgebaut werden, die wie die Phobien von der Entstehung her klassisch konditioniert sind, d. h., die mit bestimmten Situationen verknüpft wurden und von bestimmten psychovegetativen Symptomen (Schweißausbruch, Schwindel, Herzjagen, Zittern, . . .) begleitet sind.
Bei sich ausbreitenden Phobien kommen besonders wegen der Vermeidungsstrategien noch operante Konditionierungen hinzu, die entsprechend ihrer Entstehungsgeschichte behandelt werden können.
Zur Vorbereitung der systematischen Desensibiliserung ist es notwendig, die Angst erst einmal zu beschreiben und ihre Entstehungsgeschichte aufzuzeigen. Der folgende Angstfragebogen kann Ihnen dabei behilflich sein.

Angstfragebogen

Sie haben hier einen Fragebogen vor sich, mit dessen Hilfe Sie Ihre Angst näher beschreiben können.

Mein Angstthema: ....
Wie zeigt sich die Angst? ....
....
Seit wann besteht sie? ....
Wurde sie durch ein bestimmtes Ereignis/Situation ausgelöst?
ja ( ); nein ( ); weiß nicht ( );
Wenn ja, welches? ....
Wie häufig tritt die Angst auf? ....
Ist die Intensität der Angst in jeder Situation gleich? ....
Welche Bedingungen (Spez. Situationen, Ereignisse, Gedanken, Bewertungen etc.) haben Einfluss auf die Angststärke?
....
Nennen Sie eine typische Angstsituation, bei der zum Zeitpunkt A die Angst ziemlich stark und zum vergleichbaren Zeitpunkt B die Angst nur ansatzweise auftritt: ....
Welche situativen Unterschiede gibt es? ....
Welche Empfindungen treten auf? ....
Wie häufig und wie stark treten bei Ihnen die folgenden Störungen auf:

	häufig	selten	nie	stark	schwach
Muskelverspannungen	( )	( )	( )	( )	( )
Zittrigkeit	( )	( )	( )	( )	( )
Weiche Knie	( )	( )	( )	( )	( )
Aufsteigende Hitze	( )	( )	( )	( )	( )
Schwindelgefühle	( )	( )	( )	( )	( )
Panikgefühle	( )	( )	( )	( )	( )
Kalte Hände/Füße	( )	( )	( )	( )	( )
Kopfdruck	( )	( )	( )	( )	( )
Kloß-Würgegefühl	( )	( )	( )	( )	( )
Magenbeschwerden	( )	( )	( )	( )	( )
Herzjagen/-druck	( )	( )	( )	( )	( )
Atembeklemmung	( )	( )	( )	( )	( )

Die Beantwortung der Fragen des Angstfragebogens kann Ihnen die Entstehungsbedingungen und Auswirkungen Ihrer Angst verdeutlichen helfen. Die Entstehungsgeschichte der Angst kann Ihnen auch zeigen, ob es sich um eine im Ursprung klassisch konditionierte Angst handelt. Bei einer solchen Angst stehen die im letzten Teil des Angstfragebogens genannten psychophysiologischen Störungen im Vordergrund.

Programm zum systematischen Angstabbau

Verspannungen sind nicht selten eine Folge phobischer Ängste. Zur Behandlung von Phobien bietet sich die Systematische Desensibilisierung, ein verhaltenstherapeutisches Programm zum schrittweisen systematischen Abbau von Ängsten, an. Dieses Programm eignet sich zum Abbau einer Vielzahl von klassisch konditionierten Ängsten.

Beispiele für phobische Ängste sind: Klaustrophobie (Engeangst, z. B. im Fahrstuhl), Agoraphobie (Weiteangst, z. B. auf großen Plätzen), Akrophobie (Höhenangst, z. B. auf Brücken), Erythrophobie (Errötungsangst), Tremorphobie (Zitterangst), Tierphobien, soziale Ängste, sexuelle Ängste.

Ein klassisch konditionierter Angstreiz (z. B. Glas in der Hand halten bzw. der angstbesetzte Gedanke daran) ruft um so stärkere Angst hervor, je häufiger er im Angstzusammenhang erlebt wird. Wenn nun die Situation so gestaltet wird, dass auf den Angstreiz weniger und schließlich keine greifbare Angst mehr folgt, dann wird die Konditionierung nicht gestärkt, sondern geschwächt und durch weitere angstfreie Erfahrungen verlernt bzw. gelöscht.

Wie sieht ein Programm zum Angstabbau aus, welches das Verlernen von Angstreaktionen zum Ziel hat? Es besteht aus den folgenden Programmteilen:

1. Analyse des kritischen Verhaltens (Verhaltensanalyse)
2. Erklärung des therapeutischen Vorgehens
3. Einübung des Progressiven Entspannungstrainings
4. Notieren von angstauslösenden Situationen
5. Erstellen einer Angsthierarchie
6. Desensibilisierung in der Vorstellung

7. Desensibilisierung in der Realität
8. Analyse und Aufarbeitung der Angsthintergründe

Mit der Verhaltensanalyse (Analyse des Verhaltens in angstbesetzten Situationen und Aufdecken der Entwicklungsgeschichte der Angst) haben Sie sich in diesem Kapitel bereits kurz beschäftigt. Zum therapeutischen Vorgehen erfahren Sie hier das wichtigste. Das progressive Entspannungstraining haben Sie bereits eingeübt. Wie Sie die angstauslösenden Situationen aufzeichnen und die Angsthierarchie erstellen, sollen Sie jetzt erfahren.
Notieren Sie möglichst viele Situationen, in denen bei Ihnen Angst entsteht. Beschreiben Sie diese Situationen und die dabei auftretenden Empfindungen in Stichworten. Am besten verwenden Sie für jede Situation ein gesondertes Blatt. Beschreiben Sie in Stichworten 1. Situation/Umgebung, 2. Gedanke/Bewertung, 3. Gefühl/körperliche Wahrnehmung.
Notieren Sie Situationen, die starke Angst auslösen und solche, die geringere Angst in Ihnen auslösen.

- Beispiel für eine starke Angst:
  »Situation: Ich sitze im Kino in der Mitte der Bankreihe. Es setzt sich jemand auf den Eckplatz. Gedanke: Hier kann ich u. U. nicht schnell genug heraus.
  Gefühle/körperliche Wahrnehmungen: Ich bekomme Angst. Ich spüre ein Zuschnüren des Halses, Schweißausbruch, kalte Hände, und Panik steigt in mir hoch.«

- Beispiel für eine schwache Angstsituation:
  »Im Kino am Rande sitzend oder in einem Vortragssaal mit wenigen Personen. Gedanke: So wird es hoffentlich gut gehen. Gefühle: Leichtes Unbehagen, Unruhe, Kopfdruck.«

- Angst eines Klienten mit Erythrophobie:
  »Situation: Ich bin in einer Versammlung mit etwa 20 Kollegen; die meisten kenne ich kaum. Der Leiter fragt nach unserer Meinung zur momentanen beruflichen Lage. Keiner sagt etwas. Der Leiter schaut einzelne an. Ich befürchte, dass er auch mich anschaut und ich dann erröte.
  Gedanke/Bewertung: Ich befürchte, dass mir nichts einfällt. Vor so vielen Leuten kann ich sowieso nicht reden. Am liebsten möchte ich mich verkriechen.

Gefühle/körperliche Wahrnehmung: Innere Unruhe, Herzklopfen, Blutandrang zum Kopf, kalte Hände.«

- Eine andere angstbesetzte Situation des gleichen Klienten: »Situation: Wir sitzen mit Bekannten im Restaurant. Als wir über Fettleibigkeit sprechen, schaut Frau E. mich an und sagt: Du könntest auch ein bisschen abnehmen.
  Gedanke/Bewertung: Alle starren mich an. Bin ich so unansehnlich? Ich befürchte zu erröten. Das ist mir so peinlich. Ich erröte tatsächlich, möchte im Boden versinken.
  Gefühl/körperliche Wahrnehmung: Ich spüre sowohl Wut als auch Ohnmacht. Das Herz schlägt mir bis zum Halse.«

- Angst eines Klienten mit Herzphobie (Todesangst):
  »Situation: Ich sitze im Cafe und lobe den guten Kaffee.
  Gedanken/Bewertungen: Plötzlich denke ich daran, dass starker Kaffee bei mir zu Herzrasen führt.
  Gefühle/körperliche Wahrnehmungen: In mir steigt ein Angstgefühl auf, und es kommt tatsächlich zu Herzrasen und Schweißausbruch.«

- Eine andere angstauslösende Situation des gleichen Klienten: »Ich gehe spazieren. Plötzlich bemerke ich, dass keine Häuser mehr in der Nähe sind.
  Gedanke: Was wäre, wenn ich jetzt umkippen würde?
  Gefühle/körperliche Wahrnehmungen: Ich bekomme Angst, Schwindelgefühle und Herzrasen. «

Die Beschreibungen sollen sowohl kurz als auch umfassend sein. Wenn Sie die Beschreibung lesen oder hören, soll Ihnen die Situation sofort plastisch vor Augen stehen. Beschreiben Sie die Situationen auf je einem Zettel. Ein Musterblatt, welches Sie kopieren können finden Sie in Abb. 43.
Nachdem Sie eine Situation beschrieben haben, schätzen Sie die Angststärke ein, die das Erleben in der Realität auslöst. Sie können dafür die zehnstufige Skala links neben der eingerahmten Zahlenreihe (siehe in Abb. 43 am linken Rand) verwenden. Die 10 soll für die stärkste bisher erlebte Angst reserviert sein, die 5 für mittlere Angst und die 0 bei absolut keiner Angst. Wenn Ihnen die Vorstellung einer Temperaturskala lieber ist, können Sie die Zahlen auch mit 10 multiplizieren. Dann bedeutet 100° siedendheiße Angst, 50° mittlere Angst und 0° keine Angst. Mar-

Situations-Nr.:

Situation/Tätigkeit:

Gedanken/Bewertungen:

Gefühle/Körperl. Wahrnehmungen:

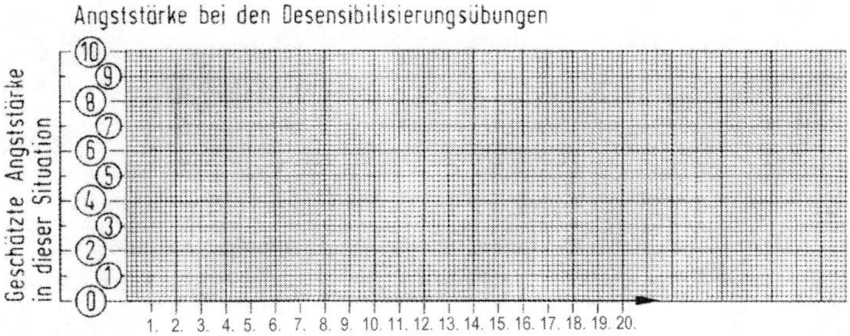

Vorstellungsübung
Realitätsübung
Dauer in Sekunden

Datum

Abb. 43: Arbeitsblatt zum systematischen Angstabbau

kieren Sie die vermutete Angststärke in der Situation mit einem Punkt oder Kreuz auf der Skala am linken Rand (vgl. auch die Arbeitsblätter auf den Seiten 143, 144 und 145).

Es bereitet normalerweise keine großen Schwierigkeiten, die Angststärke einzuschätzen. Überlegen Sie und empfinden Sie nach, wie stark die innere Anspannung und die psychovegetative Symptome in der beschriebenen Situation ausgeprägt sind.

Tragen Sie für jede Ihrer Situationen die entsprechende Angstintensität ein und ordnen Sie die Situationskarten nach der Angststärke. Karten mit gleichen Zahlen legen Sie untereinander. Für fehlende Zahlen lassen Sie eine Lücke.

Sie sollen möglichst für jede Angststärke eine Situation beschreiben, damit bei den Übungen zum Angstabbau keine zu großen

Sprünge zwischen den Angstintensitäten entstehen. Haben Sie Lücken in Ihrer Angstrangreihe, beschreiben Sie jetzt weitere Situationen. Wenn Ihnen keine neuen mehr einfallen, können Sie auch die vorhandenen Situationen durch Erschwerung oder Erleichterung von Einzelkomponenten ergänzen.
Beispiel: »Ich gehe einen Schritt näher auf das angstmachende Objekt zu« oder »In dem Raum, in dem ich starke Angstgefühle habe, sind statt 50 Leute 10 Leute. «
Insgesamt sollen Sie schließlich 10 - 30 Situationskarten vor sich liegen haben, die Sie jetzt durchnumerieren können. Die Situation, die die geringste Angst auslöst, bekommt die Rangzahl 1, die schwierigste Situation, die den höchsten Angstwert erhalten hat, bekommt die letzte Nummer. Auf dem Arbeitsblatt soll die laufende Nummer oben rechts eingetragen werden (siehe Abb. 43). Damit ist die Angsthierarchie erstellt.
Diese Vorarbeiten sind nötig, damit Sie schrittweise ein systematisches Vorgehen zum Abbau der Angst durchführen können. Sie beginnen dabei mit der Situation, die in Ihrer Angsthierarchie an unterster Stelle steht; d. h., die den geringsten Angstwert hat.
Sie sollen zunächst Vorstellungsübungen durchführen, um sich zuerst in der Vorstellung den ängstigenden Situationen annähern zu können. Wenn die Angst in der Vorstellung abgebaut ist, ist der schwierigste Schritt getan, weil Angst in der Hauptsache ein Vorstellungsphänomen ist, d. h., von Gedanken und Empfindungen ausgelöst und aufrecht erhalten wird. Die Übertragung in die Realität ist dann kein großer Schritt mehr und wird zur Absicherung des Erreichten durchgeführt. Sie wissen nun, warum die Desensibilisierung in der Vorstellung so wichtig ist.
Bei den Vorstellungsübungen versuchen Sie, sich nach der einleitenden Entspannung möglichst intensiv in die Angstsituation hineinzuversetzen. Lesen oder hören Sie die Situationsbeschreibung, stellen Sie sich die Situation möglichst bildhaft vor und versetzen Sie sich so gut es eben geht in die dabei aufkommenden Gedanken, Angstgefühle und körperlichen Wahrnehmungen hinein.
Dieses Vorgehen wird Ihnen vom ersten Anschein her sicherlich paradox erscheinen: Sie rufen bewusst und gezielt die Angstgefühle hervor, die Sie abbauen wollen. Der entscheidende Unterschied zu sonstigem Angsterleben liegt darin, dass Sie die Angstgefühle selbst aktiv hervorrufen und nicht passiv davon überfallen werden. Bereits diese Selbststeuerung wirkt angstreduzierend, zumal sie dosiert, schrittweise und nach aktivem Ent-

spannen geschieht. Entscheidend ist, dass auf jede Vorstellung der Angstsituation eine Entspannung folgt. Die Angstspannung wird so umgehend abgebaut, und zwar wiederum durch eigene Handlung.
Angst ist mit Entspannung unvereinbar. Beginnen Sie deshalb vor den Vorstellungsübungen mit Entspannungsübungen, damit Sie aus einem optimal entspannten Gefühl heraus mit den Desensibilisierungsübungen beginnen können. Die Entspannungsübungen führen Sie so lange durch, bis das erlebte Angst- und Spannungsniveau einen Wert von 1 oder sogar 0 erreicht. Dazu werden Sie anfangs 2 bis 5 Minuten benötigen.
Wenn Sie einigermaßen gut entspannt sind, stellen Sie sich auf Ihre Situation Nr. 1 ein; versetzen Sie sich intensiv in diese hinein und versuchen Sie, die innere Spannung und Erregung hervorzurufen, die Sie in dieser Situation schon einmal erlebt haben. Bleiben Sie 15-30 Sekunden bei dieser Vorstellung ... beenden Sie dann diese Vorstellung und stellen Sie sich auf Entspannungsübungen ein. Führen Sie muskulär aktiv oder in der Vorstellung eine oder mehrere Übungen aus dem Entspannungstraining durch. Bleiben Sie so lange bei den Entspannungsübungen, bis das allgemeine Angst- und Spannungsniveau wieder auf 1 oder 0 gesunken ist; dies ist normalerweise nach 30-60 Sekunden der Fall. Stellen Sie sich dann wieder auf genau die gleiche Situation ein, versuchen Sie die Angstgefühle zu aktualisieren. ... Führen Sie nach 15 oder 30 Sekunden wieder Entspannungsübungen durch. Wiederholen Sie diesen Vorgang so oft, bis die Spannungsstärke bei 0 bleibt oder höchstens bis 1 ansteigt, obwohl Sie sich wirklich intensiv bemüht haben, die früher erlebten Angstgefühle erneut hervorzurufen. Dies ist normalerweise nach 5 bis 10 Vorstellungsübungen erreicht. Beenden Sie dann Ihre Vorstellungsübung oder wenden Sie sich der nächsten Situation zu:
Beginnen Sie wieder mit einigen Entspannungsübungen. ... Stellen Sie sich dann möglichst intensiv auf die nächste Situation ein ... und entspannen Sie wieder. ... Wiederholen Sie dies, bis Sie auch die zweite Situation angstfrei oder fast angstfrei erleben. ... usw. Erinnert Sie dieses Vorgehen an die Progressive Relaxation? Ja, Sie verwenden ein Ihnen bereits bekanntes Prinzip.
Beenden Sie Ihre Vorstellungsübungen bei der systematischen Desensibilisierung möglichst nur dann, wenn die Angst in der jeweiligen Situation fast vollständig abgebaut ist.

Die erlebte Angststärke kann bis zur 3. oder 4. Vorstellungsübung zwischenzeitlich ansteigen. Sollte sie anschließend nicht nachlassen, ist wahrscheinlich der Angststärkesprung zwischen zwei Situationen zu groß, und Sie sollten einen Zwischenschritt einfügen. Erst wenn die Angst in der neu formulierten Situation weitestgehend abgebaut ist, sollen Sie mit der Situation fortfahren, die Ihnen vorher Schwierigkeiten bereitet hat.

Mit den sich abwechselnden Situationsvorstellungen und Entspannungsübungen arbeiten Sie Ihre ganze Angsthierarchie durch.

Sobald die Angst in der Vorstellung abgebaut ist, können Sie die betreffenden Situationen in der Realität aufsuchen. Wenn dies nicht möglich ist, werden entsprechende Konstellationen arrangiert oder in der Realität simuliert.

Arrangieren und Simulieren von Angstsituationen kann auch als Zwischenschritt verwendet werden, falls gegen die Realitätsübungen wider Erwarten noch zu große Bedenken bestehen. In solchen Fällen ist es aber wahrscheinlich, dass die Desensibilisierung in der Vorstellung noch nicht genügend weit fortgeschritten ist oder tiefersitzende psychische Störungen wie Selbstunsicherheit oder Depressionen noch nicht genügend aufgearbeitet und somit noch nicht abgebaut sind. Das muss gegebenenfalls mit psychotherapeutischer Hilfe nachgeholt werden.

Sobald die Ängste in der Vorstellung und eventuell vorhandene Hintergrundängste abgebaut sind, werden die Situationen der Angsthierarchie systematisch in der Realität aufgesucht. Sie fangen dabei auch mit der leichtesten Situation an und suchen möglichst ähnliche Situationen wie die von Ihnen beschriebenen auf. Zur Vorbereitung machen Sie wieder einige Entspannungsübungen. Zur Nachbereitung führen Sie wiederum Entspannungsübungen durch und gehen die gerade erlebte Situation nochmals gedanklich durch. Bei Situationen, die sich anders als in der Vorstellung nicht in einzelne Schritte unterteilen lassen, bleibt es Ihrer Phantasie überlassen, zunächst geeignete Simulationen durchzuführen. In der Realität sollten Sie dann immer wieder Entspannungsübungen in den gerade ablaufenden Prozess einfügen, damit auch dort auf einen Angstreiz nicht Angst, sondern Abbau von Angst und zunehmende Entspannung folgen kann.

Bei den Realitätsübungen suchen Sie eine bestimmte Situation Ihrer Angsthierarchie so lange auf, bis keine oder kaum noch Angst auftritt. Erst dann gehen Sie zur nächsten Situation über.

Wenn die Angststärke nicht nachlässt, war der zugemutete Schritt zu groß. Kehren Sie zur letzten fast angstfrei bestandenen Situation zurück und formulieren Sie einen oder mehrere Zwischenschritte. Wenn diese fast angstfrei erlebt werden, können Sie mit dem vormals schwierigen Schritt weitermachen. Achten Sie stets darauf, dass Sie sich nicht überfordern. Wenn Sie Bedenken haben, zum nächsten Schritt überzugehen, fügen Sie einen Zwischenschritt ein. Mit kleineren Schritten kommen Sie sicherer zum Ziel.

Führen Sie Ihre Desensibilisierungsübungen möglichst täglich und wenigstens zweimal in der Woche etwa eine halbe Stunde bis zu einer Stunde lang durch.

Der gesamte zeitliche Aufwand wird sich auf etwa 10 bis 50 Stunden, in schweren Fällen auf rund 100 Stunden belaufen. Fragen Sie sich vor Beginn, ob die Beseitigung Ihrer Ängste Ihnen diesen Aufwand wert ist. Wenn Sie sich zur Durchführung des Programms entschließen, sollen Sie nämlich konsequent die einzelnen Schritte hintereinander abarbeiten.

Behandlung einer Phobie

Abschließend möchte ich Ihnen zur weiteren Verdeutlichung die Behandlung einer Tremorphobie (Angst vor Zittern) bei Frau S. schildern. Bei der Besprechung der Verhaltensanalyse habe ich auf diesen Fall bereits Bezug genommen.

Frau S. leidet seit 15 Monaten unter Zitterangst. Medizinisch ist geklärt, dass dem Zittern keine organische Ursache zugrunde liegt. Das erstmalige Auftreten des (inneren) Zitterns geht auf den Geburtstagsempfang des neuen Chefs zurück. Das zweite Mal trat es einen Monat später bei einem anderen Geburtstagsempfang auf. Dabei kam es zu sichtbarem Zittern der rechten Hand. Das dritte Ereignis folgte kurz darauf beim Kaffeetrinken mit Kollegen. Ein Jahr später hat sich Erwartungsangst vor Zittern und Angst vor Tremor ausgebildet. Situationen, in denen es zum Zittern kommen könnte, werden weitgehend gemieden; trotzdem kommt es 3 bis 4 mal in der Woche zum Zittern der Hand.

Die Anfänge der Zitterphobie wurden auf Seite 131 bereits dargestellt; deshalb genügt hier die Darstellung der weiteren Entwicklung:

Situation		Folgen
4. Glas/Tasse/Gegenstand in der Hand halten, sich beobachtet fühlen	⇨	Angst vor Blamage, innere Unruhe, Zittern
5. Gedanke:»Hoffentlich zittere ich nicht!« vor dem Anfassen eines Gegenstandes	⇨	Angst vor Blamage, innere Unruhe, Zittern
6. Einladung erhalten	⇨	Angst vor Blamage, innere Unruhe, Angst vor Zittern
Vermeidung von kritischen Situationen (weniger Gegenstände anfassen bzw. beidhändig anfassen oder zu Hause bleiben....)	⇨	Kurzfristiger Wegfall der Blamage- und Zitterangst. Kein Zittern. Diese Konsequenzen verstärken aber das Vermeidungsverhalten, so dass eine Aufarbeitung der Phobie verhindert wird.

Die Ängste haben sich inzwischen auf andere Gegenstände und Situationen ausgeweitet. Erwartungsängste und Vermeidungsstrategien sind hinzugekommen. Die mitmenschlichen Kontakte werden weniger. Selbstunsicherheit und soziale Unsicherheit, die latent vorhanden waren, treten offen zutage und verstärken sich.

Aus dieser Verhaltensanalyse lassen sich folgende Therapieziele ableiten:

1. Stärkung des Selbstwertgefühls mittels Selbstsicherheits- und Kommunikationstraining. (Auf diese Aspekte wird hier nicht näher eingegangen.)
2. Abbau der phobischen Angst mit Hilfe systematischer Desensibilisierung.

Nachdem die Verhaltensanalyse abgeschlossen ist, wird der Klientin das Vorgehen bei der systematischen Desensibilisierung und beim Entspannungstraining erklärt und die Notwendigkeit der aktiven Mitarbeit deutlich gemacht. Sie ist zur intensiven Mitarbeit bereit, beginnt mit der Einübung des Entspannungstrainings und mit dem Notieren der angstmachenden Situationen.

Dann schätzt sie die einzelnen Situationen nach ihrer Angststärke ein, bildet eine Hierarchie der Situationen, ergänzt fehlende Stufen und gibt den einzelnen Situationen Rangnummern.

In der Situationshierarchie steht die am wenigsten angstmachende Situation an erster Stelle. (Siehe Situation Nr. 1 auf dem Arbeitsblatt Seite 143). Die Angststärke bei den einzelnen Vorstellungs- bzw. Realitätsübungen wird mit Punkten markiert. Die Dauer und das Datum der Übungen werden unten im Formblatt eingetragen.
Die Situationen 2-4 stellen Erschwerungen der 1. Situation dar und werden an den gleichen Tagen mit ähnlichem Erfolg wie Situation 1 desensibilisiert.
Die einzelnen Situationen sind folgendermaßen formuliert:

Nr. 1:

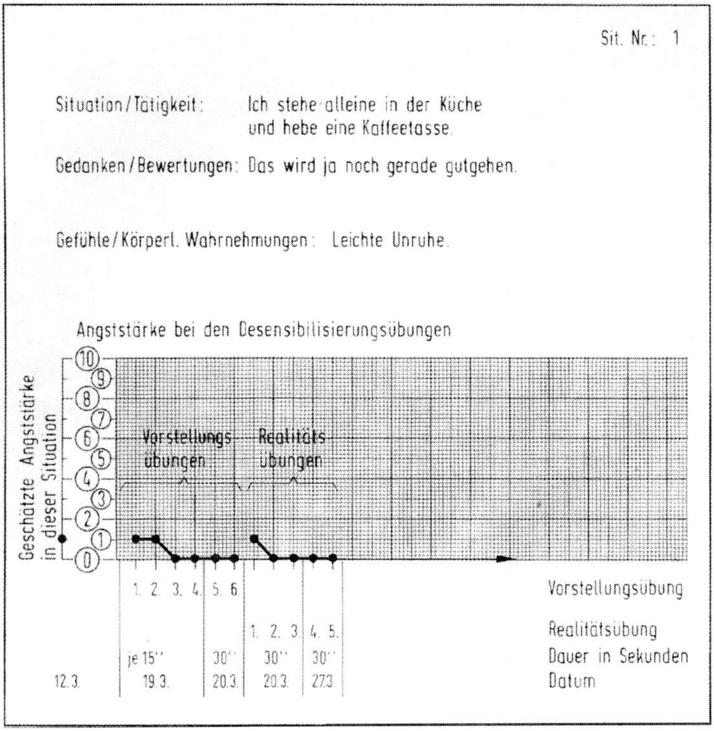

Nr. 2: Ich bin alleine im Esszimmer und gieße Kaffee in eine Tasse.

Nr. 3: Ich sitze mit meinem Mann am Tisch und wir trinken Kaffee.

Nr. 4: Ich sitze mit meinem Mann und den Eltern am Tisch und wir trinken Kaffee.

Bei den nächsten beiden Situationen mit den Rangplätzen 5 und 6 treten weder bei den Vorstellungsübungen noch bei den anschließenden Übertragungen in die Realität Angst- bzw. Spannungsgefühle auf.

Nr. 5: Ich bin in der Bank und unterschreibe einen Beleg.

Nr. 6: Ich bin im Rathaus und unterschreibe ein Formular.

Als Zwischenschritt vor der relativ schwierigen Situation Nr. 8 wird Nr. 7 eingefügt.

Nr. 7: Wir haben Familie X zu Besuch und trinken Kaffee. Die geschätzte Angststärke in dieser Situation liegt beim Wert 6.

Nr. 8:

Sit. Nr.: 8

Situation/Tätigkeit: Wir haben Familie X zu Besuch, und ich gieße Kaffee ein.

Gedanken/Bewertungen: Hoffentlich geht das gut. Ich darf mich nicht blamieren.

Gefühle/Körperl. Wahrnehmungen: Blamageangst, Innere Unruhe, "Inneres Zittern".

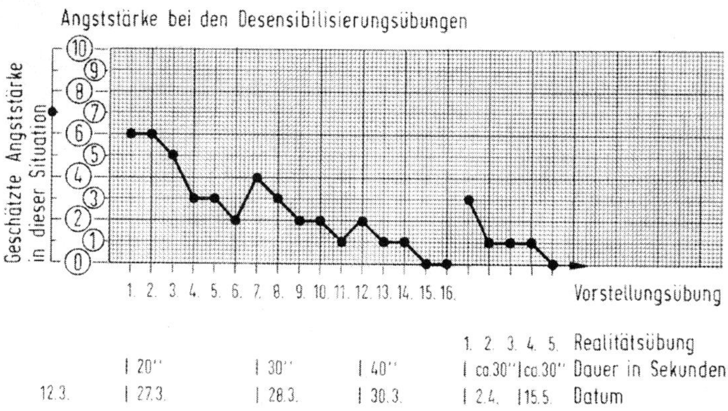

Die Situationen Nr. 9 und 10 beinhalten weitere Erschwerungen. Die Ängste und Spannungen werden wie bei der Situation Nr. 8 abgebaut.

Nr. 9: Der Besuch schaut mich an, während ich die Tasse hebe

Nr. 10: Der Besuch schaut mich an, während ich Kaffee eingieße.

Ab Situation Nr. 11 folgen die Situationen aus der Vergangenheit die als besonders ängstigend erlebt wurden und auch heute noch starke ängstigende Wirkung haben

Nr. 11: Neujahr: Die Gläser werden gehoben. Gedanke/Bewertung: Ich muss jetzt zuprosten und ein gutes Neues Jahr wünschen. Gefühle/Körperliche Wahrnehmungen: Ich merke, dass meine Hand kribbelt. Eine kurze Panik steigt in mir auf. Die Nervosität nimmt zu. Beim Zuprosten zittert meine Hand.

Nr. 12: Betriebsfest...

Nr. 13: Geburtstag von A...

Nr. 14: Geburtstag des neuen Chefs...

Nr. 15:

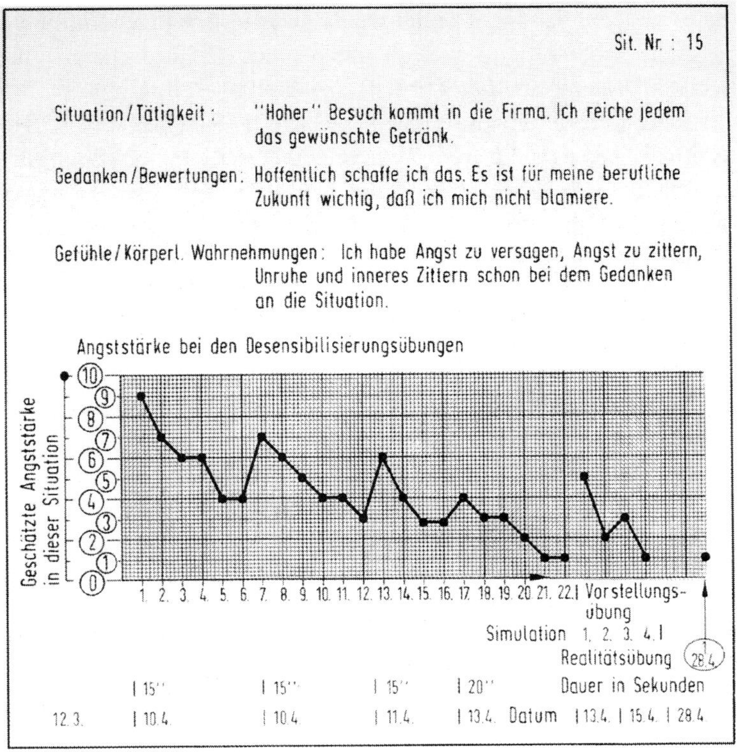

Die Angststärke erreicht in einigen Fällen den Wert 9 und verringert sich zügig während der folgenden Einstellungen auf die Situation. Da die Vergangenheitssituationen als solche nicht in der Realität wiederholt werden können, wurden bevorstehende Familientreffen und Geburtstage als Übungssituationen genutzt. Wenn sich solche Gelegenheiten nicht ergaben, wurden sie herbeigeführt bzw. simuliert, wie z. B. die Nutzung der Neujahrssituation.

Bei der Situation Nr. 15 handelt es sich nicht um eine auf die Vergangenheit bezogene Angst, sondern um eine zukunftsbezogene Angst. Es geht um einen angekündigten Besuch von Vorgesetzten in der Firma.

Während des systematischen Arbeitens mit der Situation Nr. 15 macht sich am 11. 4. ein Stagnieren des Angstabbaues bemerkbar. Die angstbesetzte Selbsteinrede »Das ist für meine berufliche Zukunft von entscheidender Bedeutung« ist der Grund für die Klippe. Nachdem dieser hinderliche Gedanke hinterfragt und verarbeitet ist, geht die Desensibilisierung ohne größere Schwierigkeiten weiter. Die Realitätsübungen werden problemfrei im Alltag durchgeführt.

Das am meisten befürchtete Zukunftsereignis (Situation Nr. 15) findet zwei Wochen später statt. Die Klientin hat sich mit Hilfe von erneuten Vorstellungsübungen, nachfolgender Entspannung und gezielten Selbstbehauptungsübungen auf diese Situationen vorbereitet und kann diese mit relativ geringen Spannungsgefühlen durchleben. Die Angst ist in den Monaten danach über einen Spannungsgrad 1 hinaus nicht mehr angestiegen und die ehemals Betroffene kann sich heute kaum noch vorstellen, dass sie in den beschriebenen Situationen Angst entwickelt hatte.

Die Desensibilisierung von Phobien kann weniger Zeit in Anspruch nehmen als bei dem hier beschriebenen Fall, bei komplexen Ängsten ist sie allerdings langwieriger. Der Zeitfaktor sollte aber nur eine Nebenrolle spielen. Mit Hilfe des entspannungsunterstützenden Angstabbauprogramms können Ängste in wenigen Monaten abgebaut werden, die seit Monaten oder Jahren das Wohlbefinden und die Bewegungsfreiheit der betroffenen Menschen eingeschränkt hatten.

Sollten sich Schwierigkeiten bei der Systematischen Desensibilisierung oder beim Progressiven Entspannungstraining ergeben, die Sie nicht selbst ausräumen können, empfiehlt es sich, den Kontakt zu einem Verhaltenstherapeuten aufzunehmen. Die Deutsche Gesellschaft für Verhaltenstherapie, Postfach 1343,

72003 Tübingen, www.dgvt.de kann Ihnen Verhaltenstherapeuten in Ihrer Region nachweisen. Die Psychologische Fachgruppe Entspannungsverfahren, Semmelweisstr. 10, Köln, www.Ent spannungsverfahren.com, kann Ihnen Diplom-Psychologinnen und -Psychologen nachweisen, die in Ihrer Region Entspannungsverfahren lehren. Kurzinformationen und Kontaktmöglichkeiten finden Sie im Internet unter:

www.Progressive-Relaxation.de
www.Entspannungsverfahren.com
www.HelmutBrenner.de

Allen Lesern wünsche ich, dass die Progressive Entspannung ein integraler Bestandteil ihres Lebens wird. Erleben und genießen Sie situationsentsprechende Spannung und Entspannung. Erleben Sie ganzheitliche Gelöstheit und Gelassenheit, die Ihre Lebensqualität zunehmend verbessern.

Literaturhinweise

Bernstein, Douglas/Borkovec,T.: Entspannungstraining, Pfeiffer, München, 1996

Brenner, Helmut: Tiefmuskel-Entspannungstraining, Übungsanleitungen zur PE auf CD, Eigenverlag, Bad Salzuflen (vgl. S.49)

Brenner, Helmut: Autogenes Training, Pabst Publishers, Lengerich 2004

Brenner, Helmut: Autogenes Training Oberstufe, Trias, Stuttgart, 1999

Brenner, Helmut: Meditation. Die wichtigsten Ziele, Methoden und Übungen, Eigenverlag, Bad Salzuflen, 1998

Brenner, Helmut/Trappe, Marianne: Herzgesundes Leben. Herzintakt statt Herzinfarkt, Pabst Science Publishers, Lengerich, 2003

Buchmann, Knud Eike: Lass doch deine Seele baumeln, SKV, Lahr, 2000

Buchmann, Knud Eike: Ich wünsche Dir, SKV, Lahr, 1999

Dyer, Wayne: Der wunde Punkt, Rowohlt, Reinbek, 1998

Fuhrmann, Elke: Spaziergang auf dem Regenbogen, Entspannung für kranke Kinder, Herder, Freiburg, 2001

Flach, Frederic: Die Kraft, die aus der Krise kommt, Herder, Freiburg, 2003

Fromm, Erich: Die Kunst des Lebens. Zwischen Haben und Sein, Herder, Freiburg, 2001

Gendlin, Eugene: Focusing - Technik der Selbsthilfe bei der Lösung persönlicher Probleme, Rowohlt, Reinbek, 1998

Gordon, Thomas: Familienkonferenz, Heyne, München 1999

Gröninger, Siegfried/Stade-Gröninger, Jutta: Progressive Relaxation, Pfeiffer, München 1996

Gross, Werner: Hinter jeder Sucht ist eine Sehnsucht, Herder, Freiburg, 2002

Harris, Thomas: Ich bin o.k. -Du bist o.k., Rowohlt, Reinbek, 2002

Jacobson, Edmund: Entspannung als Therapie, Pfeiffer, München, 1990

Hennenhofer, Gerd/Heil, K.: Angst überwinden, Rowohlt, Reinbek, 2000

Kast, Verena: Vom Sinn der Angst, Herder, Freiburg, 2000

Kübler-Ross, Elisabeth: Das Rad des Lebens, Droemer Knaur, München 2000

Langbein, Kurt u.a.: Bittere Pillen, Kiepenheuer & Witsch, Köln, 2002

Leibold, Gerhard: Kopfschmerzen und Migräne, Jopp, Wiesbaden, 1997

Lowen, Alexander: Bio-Energetik, Rowohlt, Reinbek, 1998

Lückert, Heinz-Rolf: Leben ohne Angst und Panik, Goldmann, München, 2000

Merkle, Rolf: So gewinnen Sie Selbstvertrauen, Pal, Mannheim, 2001

Messing, Norbert: Naturärzte-Wegweiser, Verlag Ganzheitliche Gesundheit, Bad Schönborn, 1997

Moody, Raymond: Leben nach dem Tod, Rowohlt, Reinbek, 2001

Ohm, Dietmar: Stressfrei durch Progressive Relaxation, Trias, Stuttgart, 1999

Ohm, Dietmar: Progressive Relaxation für Kids, Trias, Stuttgart, 2000

Reich, Wilhelm: Charakteranalyse, Fischer, Frankfurt, 1989

Richter, Horst-Eberhard: Flüchten oder Standhalten, Psychosozial, Gießen, 2001

Saint-Exypéry, Antoine de: Man sieht nur mit dem Herzen gut, Herder, Freiburg, 2000

Siems, Martin: Souling. Mehr Liebe und Lebendigkeit, Rowohlt, Reinbek,1997

Tausch, Anne-Marie: Gespräche gegen die Angst, Rowohlt, Reinbek, 1997

Wilber, Ken: Ganzheitlich handeln, Arbor, Schönau, 2001

Vester, Frederic: Phänomen Stress, dtv, München, 1998

Wilson, Paul: Wege zur Ruhe, Rowohlt, Reinbek, 1996

Wittchen, Hans-Ulrich: Ratgeber Angst, Karger, Freiburg, 1995

Wolf, Doris: Ängste verstehen und überwinden, Pal, Mannheim, 2001

Zehentbauer, Josef: Psycho-Pillen, Wirkungen, Gefahren und Alternativen, Zenit, München, 1998

(Es sind die jeweils aktuellen Neuauflagen aufgeführt.)

Fachausdrücke

Adrenalin: Hormon der Nebenniere

Autogenes Training: Entspannungstraining, bei dem mit Hilfe von öfter wiederholten autosuggestiven Wortformeln Körper- und Gesamtentspannung gelernt wird

Autosuggestion: Selbstbeeinflussung

Bizeps: Beugemuskeln des Oberarms

Desensibilisierung: Schrittweiser Abbau von angstbesetzter Überempfindlichkeit gegenüber bestimmten Situationen, Objekten oder Personen

Emotion: Gefühl, Gefühlsäußerung

Emotionaler Stress: Seelisch und körperlich wahrgenommene Überspannung

Ganzheitlich: den ganzen Menschen betreffend, d.h. körperlich, geistig und seelisch

Generalisierung: Ausbreitung, Verallgemeinerung

Hypochondrie: Überbewertung von körperlichen Missempfindungen mit autosuggestiver Verstärkung der Missempfindungen

Klient: Patient mit Selbstverantwortung und Eigeninitiative

Neurose: Psychische Störung bzw. Fehlfunktion infolge von fehlverarbeiteten Konflikten

Phobie: Auf Objekte, Personen oder Situationen bezogene unangemessene Angst, die mit psychovegetativen Symptomen verbunden ist. In Folge der Meidung des ursprünglichen Angstthemas verlagert sich die Angst immer mehr auf äußere Objekte oder Situationen

Psyche: Seele, Emotionaler Bereich des Menschen, Gesamtheit der menschlichen Erlebens- und Verhaltensmöglichkeiten

Psychisch: Das Fühlen, Erleben und Verhalten betreffend

Psychosomatisch: Mit Erleben und Verhalten zusammenhängende körperliche Funktionen und Reaktionen

Psychotherapie: Behandlung seelischer Störungen mit psychologischen und psychotherapeutischen Methoden

Psychovegetativ: Mit Erleben und Verhalten zusammenhängende nervliche Funktionen und nachfolgende Reaktionen

Stress: Innere Spannung bzw. Spannung in einer Person. Wenn die Spannung überstark wird, bezeichnet man das als Verspannung, Überspannung oder Überstress (Hyperstress). Disstress und Eustress (Emotionaler Stress) bezeichnen die verstärkte Gefühlsausprägung von Stress. Die zu Stress beitragenden äußeren Faktoren heißen Stressoren.

Symptom: Hinweis auf eine Gesundheitsstörung oder Krankheit

Syndrom: Typisches Zusammenwirken verschiedener Symptome

Überstress: Überspannung, zu viel Spannung im Organismus (vgl. Stress)

Vegetatives Nervensystem: Unwillkürliches Nervensystem oder Lebensnervensystem. Der aktivierende Anteil wird Sympathikus genannt, der beruhigende Anteil Parasympathikus oder Vagus.

Verhaltenstherapie: Psychotherapiemethode, die menschliche Leiden auf fehlgeleitete Lernprozesse zurückführt. Unter aktiver Mitarbeit des Klienten werden neue Verhaltensweisen gelernt, Fehleinstellungen verändert und psychosomatische Krankheiten behandelt.

Arbeitsblätterverzeichnis

Namensverzeichnis

Register

A

B

I

K

L

M

N

O

P

R

S

T

U

V

W

Y

Z